開啓美德世界的寶藏

盧國慶著

揚智文化事業有限公司

開啓美德世界的寶藏

兩性美德倫理篇

婚姻美德倫理篇

開啟美德世界的寶藏

自序

這是一本為現代人追求幸福人生所寫的建言，特別是為時下年輕朋友開展良好社會關係，獲得圓滿人生所敬獻的美德之書。

如果有人問：

「人類在廿一世紀最重要的課題是什麼？」

答案必然是—「美德」。

原因是什麼呢？

因爲人類必須依賴內在而優質的精神美德，儘快挽救全球人性物化扭曲、虛無痲木的嚴重危機。

全球人性物化扭曲，道德價值深沈滑落的現象，源於城市化、商業化、機器化、自動化之後，人的本身價值降低，人類在生活滿足上，又競相以功利效益作爲追求的最高目標；倫理思想因此出現了多元性、放任性與容忍性；加上工商專業社會，人我競爭而關係疏離，彼此漠不關心，道德價值及倫理規範因而在無形中解構。

集體化、商業化社會的最大特徵，就是追逐感官（感覺）刺激及形式上（權名利位）的滿足，人集體鄙視道德而趨於動物化，成爲物欲的奴隸。

道德解體，盲目追逐物欲滿足，造成人類以爭搶掠奪的貪婪心態，在短短百年之間，將地球數十億年累積的寶貴資源消耗將盡；同時也把蘊育人類成長的「大地母親」毒害的奄奄一息。南極洲與北美上空日益擴大的臭氧層破洞，以及整個國際幾乎束手無策的大氣溫室效應，已成爲人類遭受大地反撲自食惡果的鮮明標記。

對於人類道德全面退潮，美國民眾的內心憂慮是最明顯的表徵。根據調查，在廿世紀末，有四分之三的美國人說，美國的道德觀和價值觀已大幅降低；逾六成的人對美國人的「誠實和行爲水準」表示不滿。大部分的人都認爲美國的道德日益喪失，而其中政治人物的道德之低更是令人不齒。

至於台灣，在全球道德退潮的趨勢影響下，情況更令人擔心。五四運動使中國傳統的優美倫理文化遭到離棄，失根加失憶的台灣，又缺乏如西方有基督文化的支撐，整個社會普遍瀰漫著虛無主義與理想價值的解體。

台灣教育、社會制度的最根本目標，都在訓練我們下一代能有效的去追求眼前可見的短期目的、快樂與利益。可是逐漸的，生命缺乏意義，沒有長遠值得奉獻的理由，人不知道是爲了什麼而存在。在生命缺乏長遠意義的情況下，心靈的空虛、價值的混淆，使原本純樸可愛的台灣，突然搖身一變，成爲人人搶錢的地方。人人夢想走捷徑致富，各種殘忍不堪的手段令人不忍卒睹，只有私慾，沒有公德；只講利害，不重道義；台灣遂被名之爲「貪婪的島嶼」。

而一項台灣大專校園新新文化的調查顯示，時下的大專生自我中心意識頗強，講求速食文化，這些具體的新新文化項目是：偶像崇拜、愛現愛秀、愛好聲光、社會比較、速食文化、電玩、網路、服飾、漫畫、晚睡、機車、工讀、早熟與命相。

更有人發現，台灣一直存在著一個相當欠缺倫理道德的社會機制，這個機制使得許多成長中的孩子，體驗到一個容許慾望無限延伸的世界，甚至容許以暴力、血腥來踐踏他人滿足自我。久而久之，讓我們的孩子患了犯罪病，即使是最優秀的大學、高中學生或博碩士都會殺人、搶劫、傷害和色情犯罪。因此，一個能使整個社會心地和心智趨於善良的美德倫理教育，顯然是至關重要，而且刻不容緩的。

事實上，以美國為主的西方社會從七〇年代之後，已開始提倡「美德教育」(Moral Education)的新理念；強調應教育孩子和大眾丟棄以自我為中心的自私想法，開發每個人與生俱來的善性美德，而能設身處地為他人著想，培養「心中常有別人」的「美德智商」(Moral Intelligence，簡稱MQ)，使未來的世代人人都有高尚人格與優良品德，而社會也成為仁愛互助、溫馨和樂的幸福世界。

基本上，美德教育的最終目的是在追求幸福。所謂「幸福」就是自我本性的能力得到全面展開。換言之，人若沒有達到自我實現、本性能力無法全面展開，就談不上幸福。幸福不同於短暫的快樂，幸福是一種持久的狀態。其次，美德透過人群裡的以仁展開，以愛相待，可以獲得圓滿良好的社會關係，達到健全自己、和諧家庭社會的倫理滿全結果。

美德教育最重視的，莫過於道德普遍原則的發現、倫理的判斷以及道德的實踐。知道在每一種倫理上的普遍原則，以及在什麼情況下判斷是非善惡與自我應採取的言行準則，並且養成長久的良好習慣，這就是美德。

而本書正是一本鼓勵社會大眾及年輕朋友重視美德倫理之作。因篇幅有限，僅能特別針對與我們日常生活關係最密切的個人倫理、兩性倫理及婚姻倫理三個部份，綜合討論有關美德倫理的價值、規範、訓練、判斷、教導、建議及示範等問題。全書內容並引用許多經典名言、聖賢哲慧、生活典故、倫理軼事、詼諧笑話、雋永小詩、真人實事、感人故事，以及筆者個人的倫理生活體驗，這些大都淺顯易懂，清新生動。希望讀者不但能從閱讀本書中，得到美德倫理的理性認知，同時也能走向美德倫理的實踐。

此外，如果對照坊間談美德倫理的著作，本書有兩個特色：

其一，台灣婦女的人權，多年以來始終被人權組織評等爲不及格，台灣風俗及法律的許多無形枷鎖，嚴重剝奪了女性的人權與尊嚴。本書爲向兩性平權的終極理想抒發支持之意，也希望能彰顯現代社會「女士優先」理念，所代表的文明深意，全書各文中的性別用詞—妳、你與她、他，均以妳（你）及她（他）的方式排列。

其二，美德倫理在遭遇到美德標準極限時，像「自我犧牲」，像「愛仇人」，就必須有更高的關係，來指導行爲的準則。這也就涉及到「天人關係」。「天人關係」是屬於宗教的課題；而美德倫理的許多基礎與終極意義，都奠定在宗教的信仰之下。因爲單憑倫理規範，真的不容易做到「損己利人」的境界；單憑良知的引導，也不易做到「愛那些根本不值得愛的人」。而中西「天人合一」的倫理思想，就兼含了宗教的「終極關懷」之義。故筆者全書的倫理觀，是從中西宗教的「大生命」（永生思想）理念出發，而逐次推演出美德倫理高低層次的準則與意義。這與一般的美德倫理著作，顯然是很不相同的。

末了，筆者以爲美德心靈是我們永遠必須不斷發掘與珍視的無盡寶藏。如果捨棄這個稀世寶藏不要，我們等於把自己的財富丟置在外，未免遺憾而可惜。

建議您勇敢去開啓它，您將會發現，人間一切美好幸福的事物，都會向我們蜂湧而來。

盧國慶謹識于一九九九年元月

板橋無言居

開啟美德世界的寶藏

個人美德倫理篇

開啟美德世界的寶藏

個人美德倫理簡介

希臘大哲蘇格拉底有句名言說：

「認識你自己。」

因爲人的真正尊嚴，是建立在自我認識與自我實現的基礎上。自我認識使我們理解了個人在種族、環境、文明上的種種意義，體認了人存在的尊嚴與人格價值；同時摒棄錯估自己的驕傲，重視他人的文化，不以他人爲愚昧。

自我認識並產生了自由意志，有自由選擇的行爲能力，並懂得爲自己的選擇負起責任，這是人類所特有的，特別是對道德的選擇，使人的自由，在內在精神上無人能左右，可說與天或上帝同尊。

有了以上的自我認識，我們就會瞭解人格的真正尊嚴，自會重己，也會重人，於是敬重自己與他人道德人格，以及愛護自然生命的情操與理智就能自然產生了。

至於「自我實現」（self-actualization），美國心理學家坎士坦(K. Goldstein)認爲，每一個人與生俱來就有實現自己性向、潛能及秉賦的傾向。人的潛能必須獲得實現，否則這方面的需求將不會減弱。這如同一隻鳥需要飛，一位藝術家需要創作，這都是「自我實現」的自然現象。

對「自我實現」最有系統的研究學者，是美國心理學家、人本心理學之父馬斯洛(Abraham Maslow 1908-1970)。馬斯洛認爲人有「內在自然」(inner nature)或天性的五種需求，分別是生理需求、安全需求、愛與歸屬需求、自尊需求及自我實現需求。

其中第一到第四種需求，又稱爲「匱乏需求」。這些需求是由於有所匱乏的狀態才產生，且須要依靠外在的事物來滿足自己或減輕自己的緊張。而自我實現需求、認知和理解需求、審美需求，都不是爲了彌補匱乏或消除緊張，而是由於追求成長，充分發揮潛能，追求真、善、美等存在價值，以止於至善。所以這類需求叫「存在需求」，或「成長動機」。

馬斯洛認爲只有在低層的需求獲得滿足之後，高級的需求才會發生作用，個體由此循序漸進，充分發展其潛能，達到顛峰狀態。而謀求自身充分實現的傾向，是人們最高級的動機，也是人生最終的目標。人順著天性成長，便能獲得幸福；天性如果受到挫折、壓抑，會引起心理疾病，甚至造成邪惡的行爲。所以，實現天性的歷程是人生，最後達到自我充分實現，便是人生的目的。

馬斯洛的研究顯示，人類的基本需求，不因文化、社會的不同而有顯著的差異。所以，當我們觀察人類共同一致的天性需求時，就可以由此找出普遍永恆的生命價值趨向。將宇宙中到處呈顯的價值含攝在自我之中，可以使個人的生命與宇宙浩然同流、一體而化。把外在世界也點化成了充滿價值的世界，對自我與世界將更珍惜和熱愛。

例如儒家找尋出生命價值，而追求自我實現的途徑就是孔子所說的「己欲立而立人，己欲達而達人」。孟子比孔子講得更清楚。孟子講盡心知性、存心養性，就是儒家自我實現的工夫。孟子認爲人真正的自我，就是與禽獸不同的仁義禮智之性。人必須擴充人性固有的四端：惻隱之心、羞惡之心、辭讓之心、是非之心。擴充四端也就是盡本心，也就能知道自己的善性。

儒家的自我實現，雖然沒有像馬斯洛一樣排列出基本需求次序來；但儒家道德自我的實現，也是由下學而上達一步步來的。中庸所謂：「君子之道，造端乎夫婦，及其至也察乎天地。」又說：「君子之道辟如行遠必自邇，辟如登高必自卑。」一個人能由自我道德的涵養超越，使得家庭父母、夫妻、兄弟、子女和和樂樂，這就是自我實現的開始。舜的一生就是一個例子。他因爲孝順德性的實現，終至「德爲聖人，尊爲天子，富有四海之內，宗廟饗之，子孫保之。」（中庸）所以一切偉大的結果實現，都來自德性的修爲。

整個的說，由於個人道德倫理自然會要求我們對生命之重視，所以它有消極與積極兩方面。

在消極義務上，尊重個人生命，是個人的基本道德，這個尊重，要求我們克盡生活的義務，阻止侵犯生命之權利：比如自殺、殺人或與它們有關的事，或有意的破壞健康。

自然生命對我們整個心理與道德生命都有極密切的關係。生命與健康是社會、宗教與道德的資本，爲此，我們每人皆有道德、社會與宗教的責任，保護、支持我們的自然生命，實行衛生，支持健康，預防並治療我們的病症。而最重要的是，人在消極義務的條件下，絕對不許自殺。

至於個人倫理的積極義務，就如前述孔孟所說，要修習道德的人格，無論對肉體、對精神，都要它能健康美善。

一個人的肉體生命需要營養；同樣，精神生命也需要食糧；而精神食糧就是所有屬於真、善、美、聖的事物。如知識的追求與獲得，可以提升對「真」理的把握；道德的素養使我們趨向至「善」；藝術的心靈則使人在生命中有「美」；最後，宗教的信仰生命，則使人擺脫俗氣，而進入神「聖」的領域。

最有效的心靈生活提升，還是宗教信仰修持的體驗；尤其是「善願」的發生與持續，是發展心靈生命力量最有效的方法。它對個人倫理美德的產生，更有說不完的動機。

一般說來，道德家雖然在思想上可以瞭解個人道德理則，但卻在實踐上做不到；宗教家不但心靈可以達到，而且也能付諸實現。因之，精神生命的培養，固然從倫理層面開始，但不停留在倫理層面，而是直透宗教界，最終以宗教的神聖心靈，來超度人間的靈性生命。

總之，個人倫理的最積極意義，在於勸導人能以更崇高的靈性生命，展現「犧牲」精神，為了「利他」而作「損己」的行為。這「損己利他」的倫理勸導通常不用於商業道德中，而是在一般性的「做人」情況中。更上一層樓，則在肯定自身的存在能創造他人的幸福，循此擴而大之，終而成為兼善天下的聖人。

至於「損人利己」則是不道德的行為，更不道德的卻是「損人又不利己」。特別是「損人不利己」的人，通常懷有惡意，其心靈生命已犯有相當嚴重的病症：不但缺乏生命中最重要的「愛」的因素，而且是有「恨」把持著其心靈。

倫理學家以爲，就個人倫理來說，「損己利人」才是德行；「利己利人」則是智慧；而「損人利己」則是禁令。

愛、夢想與希望
——生命存在的意義與價值

「愛、夢想與希望」讓許許多多缺乏生存競爭能力的重殘者樂觀奮鬥，卓然挺立，如同最卑微的小草，永遠不停息的展現出生命存在的價值與意義，令人悸動，更令人沉思不已！

一九九八年十一月十二日中山大學慶祝建校十八週年的紀念大會上，校長劉維琪先生特別邀請罹患致命的進行式肌肉萎縮症，卻締創存活最久殘而不廢事蹟的傳奇人物朱仲祥，以「珍惜生命，擁抱希望；有愛，就有奇蹟」爲題，向國立中山大學所有師生演講。

媒體說過：聽過朱仲祥演講的人不會自殺，當天演講會場果然擠滿聆聽的師生與民眾。會場中許多聽眾眼中含著淚水，心中充滿了愛，和朱仲祥一起面對充滿希望的人生。校方人士說，這場演講將是中山大學極具歷史性的演說。

今年卅四歲的朱仲祥，童年時就無法站立，醫生曾宣布他活不到十五歲。由於先天障礙，他自小就遭母親遺棄，父親又早逝的他，從小是在教養院中成長的。父母的離去，再加上肉體的病痛，在成長過程中的朱仲祥曾多次有過輕生的念頭，但父親臨終前要他努力讀書的遺言，讓他不再放棄自己，從此「學習」成為他最重要的事。

儘管命運乖舛，但他不願向命運低頭，不僅陸續完成了國中和高中的學業，更能以流利的英語跟老外演講，卅二歲的時候還娶了位因照顧他、疼惜他，決定付託終身的妻子李少琴。①

由於身體肌肉不斷萎縮，從無法洗澡，不能翻身，到現在肌肉萎縮得壓迫心臟，睡覺必須靠人工呼吸器，朱仲祥還是樂觀地說：

「只要我還在呼吸，我就可以有希望；只要我還在呼吸，我就可以有

明天。」

他目前擔任添火文教基金會的執行秘書，專門協助殘障者學習電腦，也經常應邀到中小學及企業界演講。

朱仲祥說，很多人相信別人卻最不相信自己；由於人生充滿未知，一個人的態度可以決定一切；除非有夢想，否則人生無意義。他告訴青年朋友一個防止自殺的秘訣，就是「多等一分鐘」，再等一分鐘就會等到人生的希望。他還說，希望那些想自殺的人和他一起當醫院的義工。

朱仲祥送給中山大學學生六個字「努力、用功、上進」作爲結語，台下響起一片熱烈的掌聲，不少人起立致意，有人頻頻拭淚，也有很多人淚水盈眶，校長劉維琪最後特別代表全校師生致贈一塊寫著「人間淨土菩薩行」的紀念牌給朱仲祥。②

生命的熱愛與感動

有人說「別人的路是走出來的，朱仲祥的人生卻是趴出來的。」仔細想想，一個完全沒有生存競爭條件與生命隨時告終的重殘者，能夠趴出來一頁璀璨感人的人生，這背後一定有一股重要而巨大的動力。依朱仲祥的說法就是：「愛、夢想與希望」。

生命如果能有愛、有夢想、有希望，她（他）就是出身卑微如草芥，都能長成參天的巨樹。

一九九八年五月，由周大觀文教基金會推動的「全球華人第一屆熱愛生命獎章」六名得主上午齊聚於台北，得主分別爲林煌智、陳雯芳、楊恩典、翁國勝、廖千惠及吳雙：六名得主都有一段令人感動的奮鬥故事。使她（他）們贏得了社會的肯定與尊敬。

在六名得主中，林煜智的年紀最大，但個頭卻最小。而他個頭小，還因此榮登金氏世界紀錄中「台灣地區最矮的男人」，因爲他的身高只有六七．五公分，就連體重也只有廿二公斤。不過，林煜智的志向卻像大樹一樣的高，他說，他不曾罹患癌症而須跟老天爺討價要生命，只是自己「身材傲人」罷了，能獲得這項熱愛生命的獎，充其量，只代表其他躺在病床與病魔抗爭的人領獎。林煜智打趣說，一般人的目光水平線，很難看得見他。他只好更努力的求出頭，否則，別人越加會瞧不起他。

就這樣，他除了看書、觀賞球賽、繪畫，偶爾靠著他的代步工具──電動輪椅去「兜風」。除了畫畫的興趣之外，林煜智最大興趣就是玩電腦，玩出了名堂，就乾脆在林爸爸的電線工廠擔任電腦操作員。林爸爸給林煜智一支大哥大，以免林煜智一旦出去兜風，工廠裡的電腦沒人懂，業務就停擺了。

現在的林煜智有個夢，他打算到奧地利的維也納遊玩、聽一場音樂會，他還想趕緊找個「另一半」，兩人同行到世界各地逛一逛。③

在美國，也有一位著名重殘人士──從腰部以下全部「空白」的小男孩肯尼。一出生雙腿就嚴重變形，一歲多時又因爲癌症，自坐骨以下全部切除，整個身軀只剩下短短半截，連義肢都無從裝起。

這樣一個重殘孩子，所有人都認定他這一生都需要被照顧養護，包括他的父母在內。但隨著他日漸長大，父母無意中發現，他竟然會用手走路。

他以雙手代替腳，支撐起自己的身體。然後一步步挪動，甚至可以攀上爬下，靈活得像猿猴一樣，幾乎沒有什麼事是他不能做的，沒有什麼地方是他不能去的。

任何一個殘障孩子在成長的過程中，免不了或多或少因著一些不公平的待遇，導致心靈上的傷害，甚至造成終身難以抹滅的隱痛。好在肯尼的父母相當開通，不斷給予心理建設，並以聖經上的話「原諒他們，因爲他們所做的，他們不知道」來鼓勵開導他。

寬恕，是醫治心靈創痛的最好良藥。肯尼在逆境中長大，身心健康、積極熱情，且具備了一個男孩活潑好動、調皮搗蛋的天性，愛「跳」迪斯可，愛溜滑板，更愛開著手排檔的車子飆車，充分享受著屬於他那個年齡應有的快樂。

肯尼的故事轟動整個美國，許多人都被這個小男孩堅強的生命力感動，學校紛紛邀請他前去演講，把他當成一個值得學習的榜樣。④影片公司甚至將他的故事拍成電影，造成了極大的轟動。一九八八年肯尼還特別隨傳記影片「少年肯尼」，來台訪問，獲得熱烈的歡迎。

朱仲祥、林煜智、肯尼……等所有雖殘卻卓然挺立的人士，她（他）們最大的資源與財富就是擁有「愛、夢想與希望」——親人、社會的關愛、心中懷抱的理想與願望，使她（他）們無視於肢體殘障，盡情發揮腦中智慧，而能流露出堅強、快樂的生命樂章。

雜草其實韌力不小

一個人能從逆境中走出希望，這種奮鬥精神，非常像周伯陽先生所寫的一首小詩「雜草」：⑤

你何時長在路旁
掩飾地上的塵埃和汙穢
你這棵沒有名字
可憐的雜草呀！
你是被人遺忘的風媒花後裔
任人們和車輪

隨意蹂躪纖細的弱軀
試煉和折磨
都不會改變原有的信仰
你倒不放棄抱負
不羨慕不嫉妒
每天爲了生存而祈禱
夜霧是你嘆息的氣化
像眞珠似的朝露
是你悲傷的眼淚
把孤寂來做良好的伴侶
幸有金風和你打招呼
時常吻撫弱軀

這首詩是在點明草，小草，雜草，都是卑微存在的生命，跟人間的棄嬰一樣，有著相同的可憐命運。但是它「纖細的弱軀」雖然不斷遭受外在人車的蹂躪、折磨，卻依然展現強毅堅韌、不屈不撓的生命力。而且小草其實並不孤立，夜霧、朝露和金風（和風）都是它的良朋益友，也都是「弱草」生存的支撐力量。小草不論在何時何地，都能勇敢展現獨立生命存在的價值與意義；就如同殘而不廢人士們永不止息的奮鬥一樣，令人沉思不已，也感動不已。

知福惜福，活出生命意義

我常想，對於許多每日埋天怨地的人來說，最好的建議，就是多去看一看這些「化腐朽爲神奇」的生命奇蹟。或者不妨到醫院去走一走，去看看那些躺在病床上哀嚎的病患，與那些即將告別人世的臨終者，她（他）或許會發現自己仍然是如此的幸運。

作家侯文詠曾說起他的座右銘：⑥

「人生在世，萬事萬物，一點一滴，沒有一件事是我們本來應該擁有，所以，我們應當常常存感激之心。」

憤世嫉俗的人，即使滿袋的財富，還是會覺得社會對自己不公平；若偶有挫折，更覺得全世界人都對不起自己。但心懷感激、知福惜福的人，連呼吸都覺得是上帝的恩賜，這反能使她（他）很快的從失望挫敗中振作起來。

有一個三十八歲的男人，有一天很沮喪的去到診所看病。他身體健壯，但心志全失，只求醫生給他打一針，讓他「安樂死」。他說他想死的理由是事業失敗、跟太太離婚，家人、朋友看不起他，他自己也覺得沒有活下去的理由。於是，醫生同情他的處境，答應給他打一針，讓他痛快地死。唯一的要求是他必須用筆寫下每一個不想活的理由，並且針對每個理由，寫出下輩子可以改變生活的方式。

他為了求得一死，很快就寫好，醫生就給他打一針。可是，當他睡了一天醒來發現自己沒死時，還罵醫生沒信用。醫生只好告訴他：⑦

「本來我想開一張『死亡證明書』，給你家人把你埋了，但你對下輩子怎麼好好活的計畫寫得太令我感動了，因此我又替你開了一張『出生證明書』，讓你再活一次。反正『過去的你』已死一次，『今後的你』是重新出生。」

妳（你）我走在人生的道路上，難免會遇上許多挫折；但是人生挫折的目的不是為了要「擊倒」妳（你），而是一種「提醒」。提醒我們努力還不夠多！提醒我們改正缺點，發揮潛力！提醒我們知福惜福，常存感恩之心！也提醒我們去看看太多不幸的人，她（他）們是如何在逆境中奮鬥努力！

有一次，一群團體參訪花蓮慈濟醫院，走到植物人病房的時候，正好看見一位年輕的志願義工跪在地上向病人叩頭，大家都很奇怪，有人就問他為什麼？他說：

「我以前從來不知道自己多幸福，經常埋怨家裡不夠有錢，父母身份太低，自己擁有的太少，一直到我來到這裡，照顧這位植物病人，我才發現自己的愚蠢。因為植物病人什麼都不能做，生命完全操控在別人手上，而我卻能自由健康的生活，也有能力為別人服務，所以植物病人沒有的，我都有，他不能作的，我都能做，這是我最大的福報。我要向病人叩頭，是因爲我感謝他，讓我懂得了惜福知福；他雖然一個字沒講，卻讓我明白了許多的道理。所以我發願，在每次爲他做完一件事情之後，我就以叩頭向他表示我的感謝。」

大家聽了志工這席話，都爲他感到高興，也覺得自己受惠匪淺，因爲健康的身體，加上珍惜的心，那才是人生最寶貴的財富。

結　語

有一次，兩位醫生在一起聊到人生中的生死話題，每當面對病人的一具屍骨，他們常常捫心自問伴隨這堆白骨的生命，能秤得出多少價值嗎？有人會告訴他們：

「他是醫術高超的醫生，他是博學多才的學者，他是才華橫溢的藝術家，他是家財萬貫的富翁，他是造福人群的科學家，他是奉公守法的公務員，她是相夫教子的婦女，她是終身守寡的良母，他是殺人放火的兇犯等等。」

然而，她（他）們都死了，「死亡證明書」上只會載明她（他）們因何病症而死。難道她（他）們的人生只是一堆白米變成一堆白骨嗎？其實不然，她（他）們每個人都有自己生命的精髓，當軀體在焚化的剎那間，就會顯像出有一種人曾追求夢想、活得賣命、勇於超越失敗，終究沒有白活一場。這種人，曾活過夢想的歲月，經過奮鬥成功的過程，在人生旅途中發出光和熱，絕非只是一堆白米所形成的白骨。

甲醫生說：

「我一輩子作醫生，真希望死後不只是一張『死亡證明書』而已。」

乙醫生開玩笑說：

「我還期待你給我開『死亡證明書』呢？那你要什麼證書呢？」

甲醫生喝一口茶說：⑧

「我要一張『生命價值書』，上面寫著：

活得積極，活得自己滿意；

活得快樂，活得別人激賞；

活得樂觀，活得家友懷念；

活得肯幹，活得社會珍惜；

活得無怨，活得一生無憾。」

兩位醫生在經過這次深刻的人生對話後，分別爲人生價值下了結論。

甲醫生說：

「這一生我的醫術再高明，仍贏不過一個自己求活命病人的意志力。

」

乙醫生卻說：

「白米使我天天活命，而生命價值令我活得更有意義。」

愛使我們成為快樂的巨人
——人生成長的生命眞諦

愛是我們與生俱來的偉大力量，它能增進友誼，感動人心，生出更多無窮無盡的愛，使自己和所有的人都共同生活在幸福喜樂裡。您曾用過這股偉大的力量嗎？建議您試試看！

法國畫家夏爾丹曾說：

「人類在探索太空，征服自然後，終將會發現自己還有一股更大的能力，那就是愛的力量，當這天來臨時，人類文明將邁向一個新的紀元。」

人類天生就有愛的能力。她（他）們似乎有一種內在的自然力量，去愛另一個人、愛家庭成員和我們居住世界的傾向。而且每一個人，也因爲父母、大眾的愛而能成熟完整。

愛是一種能力，是一種態度。事實上，去愛，只是意味著用正確的方式同他人生活在一起。它是幫助而不是傷害，而且每個人都能夠愛。它始於一種關心，而對他人的信任與尊重也因此而成長發展。

愛能感動生命

愛是人類最精銳的武器與最堅強的力量，它能融化所有的心靈，敞開所有人的胸懷，一如春陽軟化最冰寒的泥層。

殘障作家劉俠女士在一九六九年的那次住院，隔壁床是位得了罕見癌症的吳媽媽，她們整整在一起住了三個半月。每見她落寞的樣子，劉俠就常拿一些小菜、水果，甚至把自己的藥分給她。

直到吳媽媽陷入昏迷。昏迷中，她一直在喊一個名字，一聽之下，如棒子當頭打下，她喊的竟是劉俠的名字！

劉女士想，自己只不過分了一點水果，一點小菜，甚至一點自己的藥給她，就能使平日看來那麼冷漠高傲的人，在昏迷時真情流露。

遺憾的是，因為她還沒來得及把自己最大的珍寶——自己的心，介紹給她。①

六十年代，有位美國教社會學的大學教授，曾叫班上學生到巴爾的摩的貧民窟，調查二百名男孩的成長背景和生活環境，並對他們未來的發展做一評估；每個學生的結論都是：「他毫無出頭的機會」。二十五年後，另一位教授發現了這份研究，他叫學生做後續調查，看昔日這些男孩今天是何狀況。結果根據調查，除了有二十名男孩搬離或過世，剩下的一百八十名中，有一百七十六名成就非凡，其中擔任律師、醫生或商人的比比皆是。

這位教授在驚訝之餘，決定深入調查此事。他拜訪了當年曾受評估的年輕人，跟他們請教同一個問題：

「你今日會成功的最大原因是什麼？」結果他們都不約而同的回答：

「因為我遇到了一位好老師。」

這位女老師目前仍健在，雖然年邁，但還是耳聰目明。教授找到她後，問她到底有何絕招，能讓這些在貧民窟長大的孩子個個出人頭地？

這位老太太眼中閃著慈祥的光芒，嘴角帶著微笑回答道：

「其實也沒什麼，我愛這些孩子。」

一個人祇要知道了別人有幫助她（他）們的意願，就能立刻被這種奉獻的神奇魔力，激勵和堅強起來。而人活著，其實就是為了要去愛。沒有愛的生活，不能稱其為真正的生活。愛是一種能量；它化解問題、治癒創傷、給人滋養、使人活力恢復、使一個人的生命能和另一個生命緊密連接在一起。

人因有愛而幸福

有一條生活哲學說，妳（你）給予的不管是什麼，妳（你）都能夠得到同樣的回報，因為傳出去的東西還能傳回來。這個因果關係的法則，提供了我們生活的歡樂和滿足、悲哀和痛苦。

如果妳（你）表達憤怒和敵意，那就是自己將要得到的。即使不是從她（他）那裡，妳（你）也會從自己身體和經歷中得到。批評和譴責別人

，妳（你）自己非常可能承襲同樣的不愉快。妳（你）對別人所做的事，本質上，就等於是對著自己做；這是生活的法則。

最有智慧的人，熟悉這個法則，她（他）會選擇「愛」。因爲「愛」使自己同樣獲得美好而且歡樂的「愛」。所有生活中都充滿了好的、幸福的感覺與愉快。有了愛，自己反而成了最幸福的人。而且藉著心中的愛，我們內在無限的潛能，將因此會被揭開。

美國有個「匿名戒酒協會」，戒酒協會會員都是過去戒酒成功，而立志幫助別人戒酒的人。匿名戒酒協會的哲學是：戒酒的時間愈久，妳（你）可提供他人的經驗、力量及希望也愈多、愈大。

有趣的是，每當匿名戒酒協會的成員，在晚上六點接到求助電話，展開徹夜長談，努力勸服對方壓抑酒癮時，自己的精神狀態會產生奇妙的變化。據某位成員表示，徹夜未眠與對方談話，體力理應消耗殆盡，但是他在翌日卻能展現無窮的活力。這可歸因於酗酒者坦承自己患有無法解決的問題，唯有會員的信仰才能幫助他。而這點也證明了，如果我們做了善事，腦中便會充滿血清促進素等提神物質。匿名戒酒協會的許多成員，因爲能夠實踐戒酒哲學，遵行助人的信念，幫助他人獲得美滿的結局，自己也因而擁有快樂的人生。②

九八年六月，「永遠的義工」孫越在台北縣文化中心演講，暢談他從五光十色的演藝圈淡出，退下來當義工的心路歷程。他說：

「**一生中最滿意的日子就是當義工的這段日子。**」

孫越在演藝圈老演壞蛋，定了型，搞得跟兒子、女兒一起去吃早餐，有人問小孩：他是你爸爸嗎？兒子低頭說「我不認識他」。女兒說：「他是我叔叔」。孫越後來從舞台劇轉入電影圈，拍了幾百部電影，而後又跟陶大偉到電視上表演短劇，打開了台灣電視喜劇之路。

在演藝事業如日中天的時候，他卻覺得自己不快樂。民國七十一年時，他看到一些醫生、護士及社會工作者，自掏腰包「送炭到泰北」，非常感動。兩年後，他申請前去泰北關心這些人，但行前卻病倒了，他在醫院中跪著向上帝禱告，求主與他同在，他即使要死，也願意死在泰北。於是辦了自動出院，依約到泰北，這一個多月的泰北之旅，改變了他的生涯規劃。③

孫越從此投身公益活動達十五年之久。而特別受到社會大眾祝福的是，九八年十月，他獲頒了美國加州阿姆斯壯大學授予的人類文學榮譽博士學位，成為台灣社會服務志工歷史上的一項佳話。

其實，為他人服務與奉獻，所帶給自己的利益和喜悅，遠勝於我們所帶給她（他）們的。因為「愛」使我們從自私的束縛中解脫出來，進入一個光明和快樂的境界。凡是能不計代價去愛的人，都代表了自己內在生命力的一種偉大成就。

英國作家詹姆斯・馬甘（James t. Mangan）說：④

「無私的給予，是你獲得快樂最有效的良方。因為你已遠離自私去擁抱永恆；你已經體驗到生命的真諦；在繼續展開偉大的助人事業之前，你已經成為精神世界的巨人。」

所以，每一個時代的聖人和名人，都宣稱為他人服務和愛他人是生活中最幸福、最神聖的目標，這也是使自己與世界，變得比原來更加美好的最完美途徑。

「非洲之父」史懷哲就說過這樣的一句話：

「我有無上的幸福，因爲我能爲愛而奉獻；爲了這樣的幸福，我必盡全力來報答。」

從今天起，讓我們從認識「愛」開始，堅定而不懈的去付諸愛的行動。一旦肯付出愛，那麼妳（你）就將得到愛。而愛，也可以通過無限多的方式來表達：理解、服務、分享、傾聽、表揚、幫助、微笑和盡妳（你）所能成就一切最好的，都是去愛的方式。而每當我們用眼睛向對方殷殷示意：我愛妳（你）！寧靜無聲中，我們的雙眸已然流露出懇摯的心語，讓對方舒展雙眉，顯露唇邊的微笑，當對方感受我們愛心時，誰還會拒絕我們真誠無僞的善意呢？

從我們將眞誠的愛，善待每一個人的這一刻起，我們已邁上與人相誠相睦的第一道階梯。即使我們沒有其他別的資質，僅只一顆愛心，也能成功。即令擁有全世界的知識和技巧，少了一顆愛心，亦必一敗塗地。

我們心中常有別人嗎？

——小我與社會的美德教育

美德能點亮生命，感動人群，超越時空。而美德這種生命力不是從天上掉下來的；而是經由教育和自我反省，從內心釋放出來的。美德能讓我們心中常有別人，也能在別人心中看到自己。

「美德」究竟是什麼？台灣大學哲學系林火旺教授曾用一句話解釋的好，那就是「心中常有別人」。①

根據報載，林靖娟老師和幼稚園孩子們的雕像已經完成。安置在台北市美術公園裡，以供大家追思懷念。當年林老師爲了孩子的安危，寧願浴火犧牲；即使在臨終前，仍疼愛不捨的緊抱著幾位幼童，依靠在自己身旁，每念及此，筆者常感動不已而禁不住落淚。

林老師和我非親非故，但是她寧死不捨的大愛，總是每每令我難忍心中的悸動；我相信所有的國人也一樣深受感動，而這種感動將不受空間和時間的影響，它永遠都是人類社會中，表現「心中常有別人」最值得歌頌、紀念和學習的至美典範。

這也讓人想起名聞一時的電影「鐵達尼號」，在船即將傾覆沒頂之際，隨船樂師在甲板上圍成一圈，為正處於生死關頭的整船乘客，一曲又一曲地演奏。在甲板的另一端，一位天主教神父，對著一小群合掌屈膝的信徒，鏗鏘著地講述天國的道理。在如此倉皇驚恐的時刻，平日掛在嘴邊的「死亡」，已經迫在眉睫；但是，他堅守信仰崗位，用話語安撫一顆顆失措的靈魂，傳揚他在人世的最後一場福音。

船員威爾則是從一開始疏散，就全然忘我地拚命維持不可能平靜的秩序；貫徹「婦孺優先上救生艇」的原則，他有如站在生死戰場的最前線，一手力抗洶湧激動、爭先恐後的巨大人牆，一手指揮水手平順穩健地放救生艇入海。他若貪生，大可自行設法逃脫困境，沒有人會注意到他。不爲功績獎賞，不求名震天下，他心心念念只想在有限的時間內，多救幾個人而已。②

在萬眾注目的場合，要使出渾身解數，揮灑美德善行並不困難，但是兵荒馬亂、死神相迫，或是四下無人的時空，卻依舊無私奉獻、不懈不怠，能有幾人！

所以，曾有人說過這麼一段令人聞之肅然起敬的話：③

「人生當成全的是自我，而不是外在的規約或讚嘆，在『沒有人聽』的冷落時刻，內心煥發出來的光芒，才是最誠實、最動人的美德。」

美德的生命力需要教育

美德人人皆能有，因爲美德來自每人天生即有的仁心，孟子用一個將掉進井裡的小孩，王陽明用一個將墮於深淵的人做譬喻，都是說明旁人看見自然會因此而生出怵惕惻隱之心，這是由於天性的不忍，也就是一種「道德倫常」，並非因爲與陷入危險的人有親戚父母的關係，或害怕別人譏笑見死不救。

這種本性仁心，雖是眾人固而有之，但卻容易被蒙蔽。因此需要自我省察，以及家庭、學校、社會的美德教育。

有一天，日本電視台報導一群德國參加兒童音樂夏令營的小朋友到日本表演；某日車子載著這群小朋友，到銀座的一間大百貨公司參觀。下車時，老師告訴學生自由活動兩小時，屆時要集合開車。結果兩個小時後，所有小朋友都準時上了車。

這件事，在向來也很注重紀律教育的日本傳開來，全佩服得不得了，媒體還作了特別報導。

曾有台灣觀光客，幾年前到日本時看到了一件事。那時大家在一處公園參觀休息，正好有一群日本小朋友在那兒，隊伍中有一位小朋友從口袋掉落了一些糖果屑，後面的小朋友看到了，立刻蹲下去撿起來，並放在自己的袋子裡；那種自動自發的舉止，引起了大家的讚嘆。難怪日本能如此乾淨整潔，這全是從小自家庭和學校教育中，養成的好習慣與好美德。④

國外美德教育成功而又最具代表性的，應屬以下的案例：

有位在台北從商的先生，他有位住在英國的朋友，有次帶了十歲的小男孩住在他家裡。和小男孩幾天相處下來，發現他很懂得禮貌並且謙讓、純真、自然，像是個「小紳士」。過馬路一定要等綠燈亮才走行人穿越道；吃東西不搶多，拿多少就吃多少，不剩餘，一定全部吃光光。「請，謝謝，對不起」常掛在嘴上，排隊等候很有耐性。在市區開車時，他還會提醒大人要繫安全帶，且直說：「台北的交通好擠好亂喔」。最令人不可思議的是，有一次帶小男孩看電影；放映途中，突然扯扯他的手臂低聲的說：

「叔叔，請帶我出去，我要出去放屁。」

當時他真的有點錯愕。事後問他：

「放屁爲什麼要出去？」小男孩一本正經的說：

「這樣才有衛生，別人才不會聞到臭味。要尊重別人，我的英國老師說的。」

一副小大人的模樣，使他這個做「叔叔」的既感佩又感傷。同樣是中國小孩，在台灣和英國，教育卻使他們變成兩樣人。⑤

先進國家教導孩子「心中常有別人」的美德教育，眞的開了我們眼界，也給了我們一個很好的反省機會。

美德可以從小事作起

台灣有許多爲善不欲人知的好人好事，和濟助孤苦貧窮的宗教及慈善團體，但這些助人愛人的優質精神，卻不能成爲指導整個社會的主流思維。眞正的主流，反而是爭名奪利、損人利己的污濁之風。聯合報社長張作錦先生就表示：⑥

「台灣是一小島，各種資源都不充分，稍有『雄心壯志』，就得巧取豪奪；要多拿，要快拿，要『愛拚才會贏』。加上台灣外有強敵虎視眈眈，內有黨派政治鬥爭，國家未來何去何從！政府既無深謀遠慮，人民尤覺苦悶徬徨，於是大家只看到眼前一公尺遠的利益，行事作風以『短線』是尚，這就更增加了攫奪的激烈，更因而不擇手段，也就更導致了品德的敗壞。」

在這種惡質的主流作風影響下，於是在人群聚集處，就很容易可以看到及聽到許多令人側目的景象：⑦

・火車上任意走動或在座位喧嚷、騷動的小孩，其年輕父母竟可以不聞不問，視而不見或無動於衷。

・成群的學生或青少年，我行我素的在公眾場合，目中無人的高談闊論、嬉戲打鬧，似乎別人沒有耳朵、沒有感覺。

・寧靜的展覽場或電影放映中，突然傳來「嗶」聲，繼之手握行動電話的「大哥」族，便以高分貝的聲音滔滔不絕。

・手握麥克風就不願停歇，一再重複、一再補充卻語言無味的掌權者，完全沒有警覺聽眾的需求與實質的效率。

・味著良心販售違禁品者（毒品、走私品、書刊等），理直氣壯的享受豪華生活。

・取人財物或誘拐幼童、逼良爲娼、奪人幸福甚至人命者，在落網時毫無羞惡之心。

而有一位從國外回到台灣就學的女同學，曾在報上寫了一篇短文說，由於上學需要，回國後時常搭火車南奔北跑。每每在火車站排隊買票時，踫上插隊的情形。往往她會義正辭嚴地告訴對方：請勿插隊！但時常得到冷漠的視若無睹、不理不睬，抑或老羞成怒地破口大罵的對待。

幾次下來，她灰心了。她開始同情國人對不合理事務的高度忍耐力。大家竟能用「大事化小、小事化無」或「忍一時風平浪靜」的態度，繼續無動於衷的，生活在這脫序的社會裡。但她也說出了值得大家引以爲深思的一席話：⑧

「常聽有人抱怨那些移民國外的家庭，不願貢獻心力改善台灣環境，而一昧往海外發展。然而，當有父母願意放棄外國舒適的生活空間，而讓子女回國落地生根時，母國回報給他們的是怎樣的一個社會？」

我不知道應該怎樣回答這位女同學的話，但是可能很多人會跟我一樣深感汗顏；也許我們太習慣於坐在家中的沙發上，看著電視中的悲劇，表現自己的同情心；但這樣消極的良善，並不足以使這個社會，增添任何一分的魅力。關掉電視吧！敞開我們的心胸，跨出堅定的步伐，用我們的善良，去感動社會的人心。

我們也許一時真的影響不了政治，可能也改變不了社會的大風氣；但是爲了給自己、給孩子、給社會共同營造富而好禮的新氣象，下次當我們在路上開車時，就主動的禮讓婦孺，或攙扶老弱；路見禍事，適時伸出援手；自己動手或鼓勵他人撤掉私自占據馬路的路障，方便他人行走或停車；早晨出門看到狗的排泄物，怕路人踩到，趕緊清掃，……這些都是簡單的美德，祇要耐心有恆的一件一件去做；或許時日久了，就能影響周遭的人，和我們一起來淨化這個社會。

祇要我們活著一天，我們就必須眞心的愛人、關心他人；因爲我們就是人，愛人就是愛自己，關心人就是在關心自己；這一把心中的愛火祇要不停，它不但能成就自己，還能溫暖人間。

甚或也許，有一天，我們赫然發現「心中常有別人」的這點星星之火，已經遍地燃起，匯成了照亮寰宇的通天火炬！

與孩子一同心心相印

——世界性美德教育與父母身教課題

現代物質化社會的最大隱憂，就在於人類心靈的群趨物化，大家競相追求的美，自然是外在而非內在的。要扭轉這種物化惡風的重要途徑就是「美德教育」——特別是父母長輩的「身教」示範。

近來看到一則因美容而致死的新聞，令人深表惋惜。其實人世間真正的美，是心靈之美，所以應該往內在去求；爲了追求外表的美，卻喪失了寶貴的生命，實在不值得。

據荀子〈非相篇〉記載，仲尼之狀，面如蒙倛（好像戴了假面具）；周公之狀，身如斷菑（斷折的枯幹）；禹跳（跛腳跳著走路）、湯偏（半身不遂）、堯舜三牟子（生了三個瞳仁）。①同樣的，西方聖賢許多也非貌美。蘇格拉底禿頭、朝天鼻；德蕾莎修女身材矮小，貌不驚人。

這些東西聖賢，有的奇醜無比，有的殘缺不全。然而外表上的瑕疵，並沒有影響人類對她（他）們至高德性的景仰。因爲她（他）們創造了道德人格的萬世典範，她（他）們每一個人都爲人類的幸福快樂，作出了難以估計的貢獻。

時至今日，科技與物質發達的結果，世俗生活過於「多彩多姿」，權力、財富、名利、酒色，使人競逐其中，樂而忘返。於是，物慾愈高漲，人品愈低下，道德愈薄弱，已成爲現代人的生活寫照。

美德教育已成世界性新潮流

曾在雷根政府擔任教育部長的威廉‧班奈特（William Bennett ）對美國的世風民俗深懷隱憂。他從古往今來的經典著作中，擷取英雄豪傑、志士仁人的文章和故事，分成自律、同情、負責、友誼、工作、勇氣、堅忍、誠實、忠心和信仰十大類，也就是十項修養綱目，編寫了一本《美德書》（The Book of Virtues），提供給父母做「教材」，讓成長中的青少年，能有陶塑人格的學習榜樣。

雖然此書厚八百三十頁，售價美金廿七元五角，但九三年十一月上市後，連續占據《紐約時報》暢銷書排行榜八十個星期。在眾多書評中，《時代》週刊最能「切中要害」，它說：②

「凡是帶著新生嬰兒離開醫院的父母，應該每人發給一冊」。

美德教育(Moral Education)，「美德智商」（Moral Intelligence，簡稱MQ），是美國從七〇年代以後，社會變遷迅速，自由主義興起，人人強調自我爲中心；爲了扭轉這股惡風，使下一代能有明確的美德標竿，所發展出來的新教育理念。

一九九七年初，美國著名的「時代週刊」（Time）和「新聞週刊」（Newsweek）等雜誌，先後都介紹了另一本有關美德的新書〈兒童美德智商〉（The Moral Intelligence of Children），並討論孩子的品格問題，提出如何「給孩子一顆善良的心」。③

九八年四月台北市財團法人白曉燕文教基金會，也出版了一本叫〈讓MQhigh起來〉的親子美德教育專書，分送各中小學及社會人士參考。如果再從電腦網路上查訪，就會發現更多討論有關美德教育的書籍。顯然的，美德教育已經是當前世界性的新教育課題。

知識分子更要有好心腸

美國曾有一位「大學航空炸彈客」（是聯邦調查局給他取的，因為他早期作案的目標是大學與航空公司）。他以土製炸彈傷人，有時親自安放，有時郵寄，但不太留痕跡，因此將近廿年，美國執法單位最頂尖的高手都查不到他。

在一九七八至一九九五年的十八年之間，他共寄出了十六個郵包炸彈，造成三人死亡，二十九人受傷或殘廢。直到一九九六年四月，兇手的弟弟看到華盛頓郵報被兇手逼迫刊登的反科技宣言，字跡與他哥哥的很相似，因而通知聯邦調查局，終於在蒙大拿州將其逮捕。結果發現，兇手竟然是有數學天才之稱的大學教授卡辛斯基。

卡辛斯基是高中資優生，他獲獎學金進哈佛唸數學，大部分時間在室內獨處不理他人。後來在安納堡密西根大學取得數學博士學位，並在幾家著名學報發表高妙的數學解題法，令其他學子刮目相看。一九六七年應聘任教柏克萊加大，一九六九年六月未說明理由逕自辭職。

卡辛斯基早年因爲人際關係疏離，後來演變成他對科技和社會的深仇大恨。一九九六年四月，聯邦調查局幹員，突擊他隱居近廿年的蒙大拿州小屋，世人才首次看到卡辛斯基的廬山真面目：他一身邋遢，蓬頭亂髮，眼露凶光，與衆人心目中爲推動其扭曲的政治方案，無所不用其極的本土恐佈分子形象若合符節。

五十五歲的卡辛斯基，後來被加州沙加緬度地方法庭判處四個無期徒刑，外加三十年徒刑，不得假釋。同時，還被判罰金一千五百萬美元，日後著書收益，將當做賠償受害人及家屬之用。

卡辛斯基的案例，說明高級知識分子運用了大量的社會資源，具有高等的能力，並有機會掌握國家重要的資源與權力，爲社會服務，如果不具有基本的道德人格，甚至惡質到仇視人類，那他對社會的危害，無異將超過一般民眾許多。因此美國目前大學招生當在SAT測驗（美國大學入學參考標準）中考滿分，或是在運動項目中有超人表現，已經不足以讓考生進美國名校。史丹福大學招生主任強・瑞德說：

「學生們和家長們行動綱領上，除了『SAT考滿分』以外，現在還包括『表現你的愛心』。」

換言之，有名望的大學，都希望在學生的申請函內，能夠看到優良品行的證據。

因此，根據舊金山自願服務計畫的統計，灣區的青少年志願服務人數已經比一九九一年增加了百分之一百四十三。學生和家長們已經不再詢問社區服務是否重要，而是詢問哪一種服務最適於寫在大學入學申請表上。

美國立法機構也正在研究民主黨籍州眾議員提出的一項法案，要求加州每一個學區提供學分，給從事社區服務的學生。⑤

而根據報載，台灣大學宣布，自八十八學年起，新生須親自打掃學校環境，並須通過以六十分及格的「零學分」的「社區學分」，才能畢業，希望它能產生風行草偃的帶頭作用。

筆者以爲這是一個很值得喝采的作法。事實上，在我們傳統教育中，也特別強調青少年灑掃應對的重要。可惜我們的家庭、學校、社會教育並未重視這項學習。結果是，我們的青少年：對人不尊重、對己不約束、對事不認真、對物不憐惜。

但願我們的教育界今後能以台大社區學分爲起點，導引現在的學生從工作的過程當中，除了養成勞動的習慣外，更可以讓學生體會到唯有人人愛護環境，才是創造美麗環境的積極作法，走出一條自己學生活、學做事、學做人、學負責的人生活路。

美德需要良好的示範

對於台灣時下的青少年道德教育，聯合報社社長張作錦先生曾語意深長的表示，我們書上告訴孩子們的道德綱目並不少，甚至可能超過了他們的負擔；但是我們的道德教育卻少了一個最重要的環節——示範。

今天先要講究修身的，是我們成年人，其次才是孩子。大人常常罵孩子「不學好」，請問：他們「學」誰？前文說到《時代》週刊評《美德書》說：「凡是帶著新生嬰兒離開醫院的父母，應該每人發給一冊。」他很贊成這句話，不過父母拿回家之後，自己要先讀；而且，要照著做。⑥

曾在報紙上，看過一位先生介紹他誠實的爸爸。他說家裡平日開雜貨店，有天清晨他父親突然發現多領了兩份報紙，立即急著跨上腳踏車；當時他拉著父親，不解地問：

「報紙是人家多給的，爲什麼還要送回去？」

只見父親指著店門入口處那塊「銀貨兩訖，童叟無欺」的木匾說：

「報紙雖是人家算錯多給，但是我們卻不能欺騙自己的良心。」

就這樣，父親無視路途遙遠，將那兩份報紙送了回去。

事後還發生一段小插曲，原來那家批發商於數日後遭竊，損失了大筆現金。由於案發的時間，老闆確定只有兩個人到過店裡，而其中一人便是他父親。在警方欲調訊時，老闆卻以堅定的口吻排除他父親涉案的可能性，他說：

「這個人非常正直，他曾大老遠地過來，只為還兩份我不小心多給的報紙。」

於是，警方集中調查另外一個涉案人，而據聞，那人最後也承認他便是竊盜者。

光陰荏苒，他的父親雖已去世十多年，但他的誠實直到今天，仍為家鄉父執輩的親友鄰居所津津樂道，同時也在子女心目中，奠定了日後與人相處的誠信原則。⑦

這就是父親對子女最佳的身教示範，用大錢也買不到的最佳教材，但卻是父母能留給後代子孫終生記取學習的不朽精神風範。

其實，尊重別人、體貼別人的能力不是天生的；父母若在孩子小的時候，就能用身教告訴她（他）們「生活不是只有自己」的概念，長大了必然會對別人多一份尊重；對事情多一點思量，對人際多一份關懷；對人我多一份真誠。這種懂得尊重別人的孩子，長大了才是負責、孝順，堪為社會美德主流的中流砥柱；也是愛配偶、愛子女的現代好媽媽與好爸爸。而這些成果，都是因爲父母的身教所種下的，作爲父母親的人能不重視警惕嗎？

百分之二俱樂部

——眞心相信的成功心理學

「思想」是人類最不可思議的巨大能量，可惜的是，大多數的人都讓這股能量在腦中荒廢退化。您曉得嗎？祇要眞心「相信」，我們甚至可以把不可能的偉大夢想付諸實現。

曾聽人說過，每個人出生的第一天，就面臨了兩個信封的選擇。其中一個信封上寫著「報酬」二字；而另一個信封上則寫著「懲罰」二字。第一個信封裝著妳（你）從自己的思想所能獲得的所有好處；第二個信封則裝著如果妳（你）不好好控制妳（你）的思想，並導引它爲妳（你）的目標服務時，所得到的結果。

凡是有豐富閱歷的人，都深信這兩個信封是真實存在的，而且它們所裝的報酬和懲罰，也是真實存在的。

基本上，大自然界永遠都厭惡一件事：懶惰。如果我們不運用肌肉，肌肉就會退化，並且最後變成不堪使用。同樣的，如果我們不運用思想，我們的思想一樣會退化，並且讓大腦最後變成一灘爛泥。除非我們能將自己的思想寄予強烈目標與價值意義；並依照擬訂的計畫訴諸行動。否則我們的思想和生命，將會屈服在懶惰的習慣之下無法自拔；而且在一生中也無法真正去積極做什麼事，或完成一些偉大的夢想。

妳（你）也許聽過像這樣的諺語：

「**成功吸引更多成功，而失敗帶來更多失敗。**」

這句話其實深具啓發性，因爲努力而成功會使我們累積更多的能力邁向成功。如果我們什麼也不做，坐等被淘汰的話，只會使自己遭受更多的失敗而已。

肯定自己生命的價值與意義

事實上，每一個人的生命本來就是有意義的、有價值的；但能否真的活出生命的真正意義與價值，就得看您是否懂得在人生的過程中，不斷的為自己設定有價值的目標，進而依據價值性的目標，將它轉變成個人的人生指標，讓自己有明確意識及目的生活著。唯有如此，才會使人得到那份生命的充實感；也才能活出生命的真正意義。而能有計劃的遵循指標，逐步去完成價值性的目標，這樣才是一個真正有價值的人。①

一個人若沒有人生目標，也不曉得自己為何而活，那將會失去生命的意義與價值。而且一個無法知曉自己為何而活的人，是很難在社會上有所成就的。

中華民國一九九三年十大傑出女青年黃美廉，由於出生時，因接生醫師的疏忽，造成運動神經的受傷，以致她自小就罹患了腦性痲痺，一直到五歲還全身軟綿綿的。儘管她心智完全正常，但因顏面肌肉扭曲，四肢運動不協調、連開口說話都有困難，導致人們對她的第一個印象，不是神經病，就是白痴。

六、七歲時，有一天黃美廉在自家門口爬來爬去，鄰居看了忍不住對阿嬤說道：

「妳這個孫女，我看以後只能到馬戲團表演……」

或許從人們的觀點來看，美廉的確只能在地上爬，甚至關在房間裡，成為人茶餘飯後的輕蔑話題或成家人羞辱的記號。

所幸的是，她出生在一個有宗教信仰的基督教家庭，她的父母親相信只要出於上帝的，都是最好的。女兒既然是上帝所賜，祂一定也會負責到底。是這一股信念，讓媽媽抓住黃美廉的手，一筆又一筆寫家庭作業；整整寫了一年，才讓美廉在小學二年級時學會握筆。

一九七八年美廉全家移民美國，促使她有機會接受美國完善的殘障教育，這固然是環境變換所帶來的契機；但黃美廉本身所付出無比的毅力與努力，更讓這個轉機所帶出的可能性發揮到極致。她牢牢的抓住機會，全力以赴，勢在必得。從十四歲到二十八歲，從高中、大學到博士，沒有參加過任何舞會，每天要花上十八個小時來讀書、作畫。光是打一份報告，她平均要比別人多花兩倍時間。

不知有多少個夜晚，鍵盤清脆敲著，將夜晚襯托得格外沈寂。她吃力地打著電腦，心裡只有一個清楚的意念——肢體障礙絕不是理由，她要做得跟一般人一樣好。

一九九三年，她順利取得加州大學藝術博士學位，又榮獲教育部的十大傑出青年獎章，人們驚異於她的殘而不廢，更感佩她的藝術造詣！「色彩那麼大膽奔放，您怎麼會對生命有這麼大量的熱情？」「難道妳不在乎妳的外表嗎？」「爲什麼像妳這樣的人，會那麼積極樂觀？妳怎麼去應付生命中的挫折消沈呢？」人們不斷的問，殘缺與感恩、軟弱與堅強，各種看似相反的特質交替在黃美廉身上，人們驚覺殘障者仍然具備無限的可能性！②

黃美廉真的是一位了解生命意義的人，她清楚的知道，自己爲何而活；她明白自己的生命並不是爲殘障而生，更不必爲殘障而活。所以，她並

開啟美德世界的寶藏

沒有因為身體的障礙，而放棄自己那份生命的理想與價值。

在與肢體及人們嘲笑搏鬥的同時，更不忘為自己的未來做準備。她逐步有方向、有目的的為價值性的目標而活。她活出了生命的那份真正意義與價值，而真實的成就了自己。

日本作家笠卷勝利深信，一個人的「思想」，就是主宰自己人生的主人。那麼什麼樣的「思想」，才是我們最好的主人呢？她特別綜合了歷來許多成功者的「思想箴言」，提供讀者參考：③

我經常懷抱崇高理想，同時深具榮譽感；

我的工作值得讓我執著一生，對此我感到極為自負；

無論何時，我都心懷希望，開朗而充實；

我期許自己是最有價值的人，堅韌地向目標邁進；

我會認真地規畫人生，設計自己的人生目標；

我的心正自在地四面延展；

我具有高人一等的潛能；

存在內心強烈的意願，終會回應我的努力，衝出泥土，萌芽生長；
掌握自己的志向，並不斷貫徹，使沈眠體內的另一個我甦醒過來；
我具有開拓者積極的精神，能夠超越極限；
我深具魄力，能夠摧毀橫在眼前的任何障礙；
我的心如鋼鐵般堅強，任何誘惑都無法煽動我的心；
我要將自己的勇氣和智慧，發揮極致，衝破所有的難關；我的心如柳樹般柔韌，能夠化解所有的壓力；
我的人如厚實的橡皮牆般，所有的困難遇上我，都會巧妙地反彈回去，即使情況難堪，也能一笑置之，以歌解憂；
我執著於工作，堅信一定可以戰勝工作；
在尚未被賦予重任前，我懂得如何找出自我；
我會張大眼睛，絕不放過任何工作機會；
我有強烈的危機意識，懂得從世事中獲取有用的資訊。

這些「思想箴言」其實是在提醒我們：

「若我們自認會失敗，則必定贏不了；若我們自認沒有能力，就必然會變得一無是處。只要我們的內心存在一絲『辨不到』的意念，那就必定無法獲勝。更甚者，若我們已認輸，則當下就已注定了失敗的命運。」

在這個世界上，唯有堅持至終者始能成功，一切皆取決於人心；因此，若我們堅信會勝利、就一定會成功！因爲「人生終會如我們所願。」所以拿破崙希爾博士在成功哲學裡寫出了這麼一段話：④

「奪標者並不一定都是強者或是捷足先登的人，堅信自己會成功的人，即是最後勝利的佼佼者。」

採取有效的步驟

其實人在基本天性上，都希望能去完成一些事情，然後使自己有所成就，而獲得別人的肯定與稱讚。不過，成就自己絕對不會憑空形成，它必須藉由每個人對未來的想像目標，採取有效的行動，才會逐步造成。逐步的行動是造就成功的唯一途徑，也是存在這個自然界的真理，沒有採取逐步的行動，成就將永遠停留在我們「思想」裡而已。

唐朝時代，有位書香門第出身的讀書人叫許棠（宣州涇縣人今安徽宣城），從小就開始準備參加科舉考試。他有位朋友名叫汪遵，因爲家裡很窮，從小就在縣衙裡當小差。當許棠參加了二十多次科考，汪遵還是在縣衙當小差。然而，汪遵私下卻到處借書來讀，詩也寫得很好，自己也從不張揚。

有一天，汪遵辭掉了小差的工作，出發去參加貢舉考試。走在路上時，正好遇到許棠，許棠就問他說：

「你要上京城做什麼？」

汪遵回答許棠說：

「我正要去參加貢舉考試。」

許棠聽了，非常生氣的說：

「小差也敢放肆！」

兩個人進了長安以後，一起準備功課，許棠常常找機會侮辱汪遵，汪遵也不大理許棠，只管用心準備考試。

後來，小差汪遵一考就中了進士。而經常嘲笑、侮辱汪遵，自認為高高在上的許棠，又繼續考了五年，才考中進士。⑤

「小差中進士」說明了，一個人的成功與否並不是取決於天生的條件，而是取決於自己是不是堅定的相信自己會成功；並對自己所想要的成功，付出自己努力的積極行動，使自己無限的潛在能力能與生命同步成長，而終能達到成功的目標。是故，發現狂犬病預防方法的法國化學家、細菌學家Pastem說：⑥

「想獲得幸福，要長時間的準備，只有用了苦心，才會被賜予。」

世界知名暢銷書作者拿破崙・希爾(Napoleon Hill) 在其「邁向成功的十七項成功原則」一文中指出，在這個世上的絕大數人都不了解願望（Wishing）和確信(Beheving)之間的差別，她（他）們從來也沒有採行過可以幫助自己運用思想，實現慾望的六個步驟。這六個步驟點出了，成就必須要藉由自己對未來的想像目標，採取有步驟的行動，才能造成驚人的結果：⑦

一、大多數的人一生之中對目標只抱著「願望」而已。這個願望就像一陣風一樣，沒有辦法成就任何事情，抱著這種態度的人佔了七十％。

二、很少數的人將心中願望轉變成慾望，她（他）們一再地想到相信的東西，但慾望也僅此而已，這樣的人佔了十％。

三、把願望和慾望轉變成希望的人就少了；但她（他）們害怕想像有一天自己的美夢可能成真的情形，這種人約佔八％。

四、極少數的人把希望轉變成確信，她（他）們期待自己真的能得到所想要的東西，這些人佔了六％。

五、爲數更少的人將她（他）們的願望，慾望和希望轉變成確信之後，又再進一步將確信轉變成強烈的慾望，最後轉變成一種信心，這種人佔了四％。

六、最後，只有非常少的人，除了採取最後二個步驟之外；還訂定達成目標的計畫。她（他）們以積極行動展現無比的信心，這種人只佔二％。

能成爲人類世界「百分之二俱樂部」的最傑出菁英，必然是實踐第六步驟的人，這種人了解她（他）們自己思想的力量：她（他）們掌握此一力量，並導引這股力量，爲自己所訂定的明確目標服務。

而當我們採取第六個步驟時，「不可能」這個字，對我們將不再具有任何意義。每件事對我而言都是可能的，而我們也將成功地實現它們。

結　語

蔣宋美齡女士在其名作「You Are What You Do」一文中，陳述這麼一段精闢的話：⑧

「如果過去的時代，曾經教導過我們任何事情，那就是每一個因，造就了每一個果。每一個行爲，都會得到它的回報這種想法，在我看來，是整個宇宙的必然基礎；同時也應用在我們這個世界和未來的世代。」

這段話中的「因」我們如果譬喻爲「思想」；「果」就可以指爲「目標」。「行爲」如果是講「奮鬥步驟」；「回報」就必然是巔峰的輝煌成就。

法國作家伏爾泰也曾以撲克牌，來比喻人生成功的法則，他認爲只要是加入牌局的人，就必須無條件接受自己所分配的牌，無論手中的牌是好是壞，都應該靜下心來，考慮如何才能打贏這場局牌。

很巧合的，美國的艾森豪總統也曾經提出類似的看法，他回憶自己小的時候，有一天晚上全家聚在一起玩紙牌，艾森豪抱怨自己總是拿到一手爛牌，但是他的母親對他說：

「如果你要玩，就必須用你手中的牌玩下去。」

他的母親並且感歎地說：⑨

「人世間發牌者是上帝，我們只能用手中拿到的牌，盡最大的努力，求得最好的成果。」

其實，在這個世界上，一開始就拿到好牌的人實在不多。但拿到好牌卻亂打的人卻不在少數。我們會不會成爲這世界百分之二的真正成功者，主要是決定在我們想怎麼打牌，以及如何打出好牌，而不在於發來的原始牌面上。

您抓得住EQ嗎？

——現代情緒管理入門

情緒是每個人都有的基本能量，但是它究竟是有益或有害？關鍵就在我們是否能隨心的控制。許多人相信，能管理自己情緒的人，就能支配自己的命運。

高齡八十三的大同企業負責人林挺生先生，平常最欣賞的一句話，是英國的一句俗諺：

「只有差勁的老師，沒有差勁的學生。」

林挺生先生覺得這句話很有意義，他認為這句話也可應用在經營管理，他把它改為說：

「只有差勁的主管，沒有差勁的部屬。」

的確，不論部屬如何，最重要的還是主管。因爲唯有主管能夠主導一切，主管才是前瞻問題與適應環境變革的決策者，也是企業追求成功的終極主宰者。

同樣的，我們也可以把英國這句俗諺，改成爲：①

「**只有差勁的自我，沒有差勁的人生。**」

試想，一個可以創造出美滿人生的理想藍圖，卻因爲不幸落在一個不會好好計劃、不懂控制情緒的人手上，結果不問可知！

所以，人生真正的成功關鍵，是在我們自己身上。而我們自己的最關鍵課題就是——情緒管理。

ＥＱ利人利己

常有人問說：「人是理性的嗎？」答案通常是：「不全是！」因爲人的理性反應比情緒慢，祇要情緒一來，經常就會淹沒了理性。我們讀了十幾年的書，也許增加了一些理性，但卻不一定能增加「情緒成熟度」。高曼博士說：

「高人一等的情緒能力，成為決勝的關鍵。」

如果把我們的心智，想像成是一座貯存一切潛在力量的貯存槽；那麼情緒管理，就是在學習從貯存槽中，穩定釋放適當數量的力量，並將它導引到最正確的方向。

一般說來，人大致有十四種的主要情緒：②

一、積極情緒：

1. 愛
2. 性
3. 希望
4. 信心
5. 熱忱
6. 忠誠
7. 慾望

二、消極情緒：

1. 恐懼
2. 嫉妒
3. 仇恨
4. 報復
5. 貪婪
6. 憤怒
7. 迷信

所有這些情緒，都是源自於我們內在的心理狀態；所以是我們必須掌握的基本對象。我們可以想像，如果一個人缺乏控制這些情緒的能力，常容易被環境和他人刺激生氣、激動，那麼經常就會使我們整個交感神經系統都產生快速的運作，造成：③

一、眼睛：瞳孔擴大。

二、心臟：心跳加快，動脈和肌肉擴張。

三、呼吸：支氣管擴大，呼吸急促。

四、皮膚和消化器官的動脈收縮，進而流汗。

五、分泌增加情緒激動的賀爾蒙。

六、抑制膀胱收縮，使人進入備戰狀態。

更極端的，是有些人氣得咬牙切齒，甚至全身發抖，還有人休克，真的「氣死」了。

因此，在就業市場上，我們常常可以看見有些人以傲人的學歷及智能粉墨登場，在眾人及自己都看好的情況下卻表現欠佳，不但未能躋身領先群，甚至掉到有志難伸的窘境。這主要都是情緒管理欠佳造成的結果。所以EQ（情緒智商）這個課題，在近幾年來已愈來愈受到社會大眾的重視。

情緒智商其實就是培養好的情緒表現能力，避免負面的情緒態度。情緒智商依美國心理學者高曼教授的看法，包含了五種能力，而這五種能力都是可以學習的：④

一、瞭解自己的情緒：不斷覺察自己的情緒狀態，以及覺察造成該狀態的原因。

二、控制自己的情緒：使自己的情緒穩定，擺脫強烈變化的干擾，能控制衝動與憤怒。

三、整理自己的情緒：激勵自己，朝著一定的目標努力，絕不悲觀。

四、瞭解別人的情緒：體諒別人也是有情緒的，並認識對方的情緒反應模式。

五、維持和諧的關係：透過良好的人際互動，維持圓融的人際關係。

換言之，情緒如果能做到相互瞭解，自我控制、自我整理與良性互動，就可以使我們心智能力，不至於起伏太過劇烈；也可以隨時使易怒衝動的情緒心理，改變爲平靜安穩，甚至能進入喜樂的狀態。

所以，現代社會認爲IQ高不一定好。如果EQ高，那一定是最棒的。IQ高EQ卻低的人，雖然可能是知識巨人；但在生活上，卻是自私自利的精神侏儒。祇有IQ、EQ都高的人，才會是利人利己的優秀人才。

專家也發現，高智商的限制和高情緒智商的表現，的確有許多明顯的特質差異，甚至因爲性別不同，也有一些相異之處：

分類	性別	男	女
高智商	優點	1.有廣泛的興趣和能力。 2.有抱負又積極。 3.易找出有效方法完成目標。 4.自信、堅定、冒險心強。	1.善於表達自己的興趣。 2.有廣泛的興趣和能力。 3.懂得沉思自省。 4.成就動機較強。
	限制	1.合群性低、個人色彩重。 2.較頑固，易堅持己見。 3.好評斷，對人疏離冷漠。 4.對性與享樂不易壓抑。	1.害怕被別人批評為「男人婆」。 2.害怕擇偶困難。 3.易焦慮愧咎。 4.人際和諧配合度較低。
高情緒智商	表現	1.社交能力佳，易交朋友。 2.生活具彈性，隨遇而安。 3.易欣賞別人的優點。 4.情感生活豐富但不逾矩。	1.外向、合群。 2.能與異性建立及維持和諧關係。 3.能適度表達感覺和能忍受挫折。 4.有幽默感、具創意。

右表中，不論男女，祇要具有高情緒智商，都能在生活上，表現出與人相處的優異和諧能力，與獲得幸福人生的特性；如果再兼有高智商，那麼必然會成為各行業中的傑出人才。

最棒的ＥＱ指標

對現代人而言，儘管大家都知道ＥＱ對自己極具重要性，但是卻仍然不自覺地，就掉入了「負面的情緒」之中。有時愈陷愈深，爲情緒的變化所苦。有時我們處理不得當，結果加大壓力，讓我們更加痛苦。不少人可以處理千萬財產、安排千百人的人事，卻對情緒變化束手無策，主要原因，就是缺乏情緒管理。

幸運的是，我們可以運用日新月益的現代「管理學」知識，來控制及改善自己情緒上的許多問題。以下謹提供幾個具體建議：

一、管理有賴精確的記錄，才可以追蹤、考核及修正。因此，妳（你）不妨製作「情緒變化記錄表」和「厭倦煩心日記」，然後由記錄表中找到一定軌跡和模式，做爲修正的依據。

心理學家雷諾瓦可(Ray Novaco)提出四個指標可檢查負面情緒：

㈠頻率：多久生一次氣。㈡程度：是否很強，強到了盛怒的狀況。㈢持續時間：情緒很快就恢復正常，還是會氣很久，會愈來愈氣？㈣表達方式：妳（你）是保持沉默、拒絕配合、吼罵尖叫，還是暴力反擊？這四個指標很重要，在生氣時可以拿出來檢查，在不生氣時也可用來檢討、反省和認識自己。⑥

二、找到克服負面情緒的方法。克服不良情緒，有短暫見效的治標和長期改善的治本方法。在治標方面，宜先脫離「生氣源」或「憤怒源」，冷靜下來。閉上雙眼，深呼吸，全身肌肉儘量放鬆，打打哈欠，休息一下，讓恢復情緒平靜的副交感神經系統發揮作用。聽聽自己喜歡的音樂，看看自己喜歡的電影或電視，也有助情緒的緩和。治本方面，不妨問自己：

「生氣憤怒會改變情況嗎？會改變造成我生氣的狀況嗎？」

儘量試著找出建設性的方法去替代，多用消除法，忙些有意義的事。調整生活作息也是一途，在可能生氣的低潮期，多從事些有意義及愉快的活動。另外，避免太累，如果很累就少講話，免得言詞上產生磨擦。試著不斷在衝突中降溫，讓生氣氣不久，讓憤怒起不來。⑦

三、管理的精神是知錯能改，由錯誤中學習。管理也是由前人經驗累積的，因此，改善那些讓我們情緒跌入谷底的因素，並向前輩及心理輔導人士多請教，也是好辦法。參加成長團體，與許多同輩一起成長，吸收經驗與好的理念。例如有學者就以英文BEST「最棒」四個字母，來做爲情緒管理的四項指標，並表示如果能從這四方面努力，就有希望成爲最棒的人：⑧

㈠B：beauty，美。最棒的人是美的，包括智能道德、容貌各方面的美。

㈡E：effectiveness，效能。最棒的人是做事有效，看重效能。效能不僅是把事做的有效率，更做出好的成果。

㈢S：success，成功。最棒的人是成功的，有成就的，能創造出良好的事情成果。

㈣T：trustworthiness，值得信任。最棒的人是可信賴的，是可靠的，上司同事都認爲有她（他）就心安了。管理學大師柯維(Covey)認為值得信任的人需在兩個C上被肯定，一個C是competence（能力），一個C是character（品格），這正是高IQ又高EQ的表現。

總之，高EQ，是現代最迷人的目標，值得每一個人全心努力追求。有了高EQ，上班工作，與人相處就再也不是苦差事，反而會充滿歡笑和喜樂。同時持恆努力的高EQ特質，不需要多久，自然而然會讓妳（你）晉身事業領先群。

結語

哈格·曼丁一九七六年所著的美國十大暢銷書「永恆的箴言」一書中，有一段積極砥勵自己成為情緒主人的雋永箴言，它是這樣說的：⑨

「·如果我意氣消沈，我歌唱排憂。
·如果我悒鬱寡歡，我微笑舒懷。
·如果我遭遇困難，我倍加努力。
·如果我心懷畏懼，我昂首向前。
·如果我落於人後，我重行振作。

• 如果我貧困匱乏，我以財富將有慰之。
• 如果我興味索然，我立定目標自勉。
• 如果我感於對某事不堪勝任，我以過去成就激勵。

人們只知道沮喪、消沈，會使得懷憂喪志，殊不知，有時候，燦爛的微笑，飛揚的心態，也會摧毀、腐化一個人的前途。

• 如果我驕矜自得，我要想到過去的失敗。
• 如果我自恃自爲，我要想到過去的飢餓。
• 如果我趾高氣昂，我要想到艱苦的奮戰。
• 如果我自視無所不能，我即刻停止誇張浮薄。
• 如果我擁有大量財富，我要想到曾經哀哀不得求飽。
• 如果我驕奢放恣，我要想到往昔的怯懦優柔。
• 如果我自恃技術超群，我要仰視滿天繁星，謙沖以誠。

今天，我是我情緒的主人。

我了解並且領會自己和別人變幻無常的心態反應。這一刻起，每天起床後，我要時時準備引導情緒的功夫。透過最積極的行動，我將是我情緒的主人，我支配了我的命運。」

的確，管理好情緒，就能支配自己的命運。展望二十一世紀，我認爲所有各行業的人都亟需培養「高情緒智商」。不管企業也好，任何組織也罷，甚至個人，想依賴ＩＱ就能過一生的想法已經過時。也就是說，我們不能僅依靠智力，而必須要有優質的情緒控制，才足以安頓事業與人生。

長壽仙丹何處求？

——現代人的身體保健之道

儘管快樂與健康絕對是成正比的，但是多數人對如何保持健康卻不太關心。研究顯示，健康的食譜與適量的運動，是我們能長命百歲的眞正保證書。

九八年五月，聯合報系民意調查中心，針對台灣民眾健康狀況查訪結果，發現八成九民眾自認身體健康；但會定期做健康檢查，與量血壓的人都只有三成左右；四成九受訪者會定期運動；只是，民眾多半是上了年紀，才開始注重這些基本保健之道。

交叉分析發現，女性、年輕與學歷較高的受訪者，她（他）們覺得自己會無精打采或悶悶不樂的比率較高。①

而幾乎就在同時，衛生署公布了第三次國民營養健康狀況調查結果，衛生署署長詹啓賢說，十年來兒童、青少年長高四至六公分，各年齡層的國人平均體重增加二至五公斤；共有百分之十四點六男性，及百分之十五點八的女性有肥胖問題。

詹啓賢表示，調查結果也顯示，「五大富貴病」正逐步侵害國人健康。平均每七人有一人為肥胖，全國有二百一十萬個胖子。每五人有一人有尿酸過高的危險，可能會有痛風。每八人有一人患高血壓；而有一百八十萬人血脂太高。另有五十八萬人患糖尿病，圖示如下：②

台灣民眾的五大富貴病預估人數

項目	預估人數	說明
肥胖	二一〇萬	每七人中有一人
高血壓	一八〇萬	每八人中有一人
高血脂	一八〇萬	每八人中有一人
高尿酸	二九〇萬	每五人中有一人
糖尿病	五八萬	每廿五人中有一人

註：以十九歲以上一四五〇萬人計算。

資料來源：衛生署

如果我們將前述的兩項民意調查相互對照，會發現一面是高比例得富貴病的人口數，一面是百分之八十九自認爲健康的民眾；這代表可能有些未做健康檢查的人，雖然有了富貴病，自己可能仍不知道。

壽命長短在生活方式

人人都怕衰老，但許多研究報告顯示，年老者不一定體衰，只要懂得養生之道，健健康康的活到一百歲並不困難。美國人口統計局即預測，戰後嬰兒潮（一九四六年到一九六四年）出生的美國人，有九分之一（約九百萬人）可以活到九十歲以上；廿六分之一（約三百萬人）可以邁過百歲門檻。

愈來愈多研究顯示，慢性病並非伴隨年老而來的必然現象，生活方式對身體的影響更大。高科技醫療不可能大幅改變人類身體狀況，身體開始衰弱老化後，藥物和手術只能使人苟延殘喘。但我們能延長自己壽命倒是無庸置疑的。更重要的是，這些方法早已存在，只要有心，幾乎誰都辦得到。事實上，要健康長壽的主要因素在生活方式：例如吃什麼、是否常運動、是否常動腦，是否常與外界接觸等。③

南加大芬奇博士就表示，由許多著名的老鼠研究獲得印證，吃得少的動物較長壽。④

至於如何才能均衡營養？台北國泰醫院營養組組長李蕙蓉說，一般民眾都有自行補充維他命的習慣，但卻超過建議攝取量。而維他命C爲水溶性維他命，服用超量會排出體外；但維他命A過多會蓄積體內，不宜服用過量。

對於大家體內不足的鈣及鐵，國人應維持每天喝一至兩杯的牛奶，而小魚乾、豆製品及深綠色蔬菜也有鈣質；深色蔬菜及內臟都富含鐵質。

衛生署則建議國民應均衡攝取各類食物，每天攝取五穀根莖類、奶類、蛋豆魚肉類、蔬菜類、水果類及油脂類等。三餐以五穀爲主食，避免由飲食中吃進過多的油脂；富含纖維質的食物，可改善及預防便秘，減少大腸癌的機率；並可降低膽固醇，預防心血管疾病。豆類、蔬菜類、水果類及糙米、全麥製品、番薯等，都是纖維質良好的來源。

由於國民高血壓、高血脂症及糖尿病盛行率高，衛生署建議把握少油、少鹽、少糖的飲食原則；少吃肥肉、五花肉、核果及蛋黃、膽固醇含量高的食物。烹調時，以蒸、煮、煎、炒代替油炸，並少吃醃漬品。⑤不過，台灣目前由於肥胖的人數高達二百一十萬，再加上大多數婦女都夢想能有均勻的身材；因此，如何吃得健康而又能達到減肥效果的菜單，可能是最受歡迎的。

有位姜淑惠醫師在一次健康講座上，曾提出了一套被認為相當有效的健康素食法，重點是：⑥

一、食物四大金剛：蔬菜、水果、五穀、芽菜。

二、不食肉類，包括海鮮。真想吃，可食少量深海魚肉。

三、能生吃，就不要熟食。而烹調法更以水煮及清蒸為主。避免煎、炸、烤、燻各種食物。盡量吃有機蔬果。

四、四低一高：即低糖、低鹽、低油、低蛋白、及高纖維。

五、丟掉四白：不吃白麵粉、白米飯、白味精及白糖。

六、再丟牛奶與雞蛋。罐頭食品及速食麵全部拋棄。
七、水果營養豐富，要單獨攝食，避免飯後吃水果。

結果，有一位有心的男性聽眾，聽完之後立刻回家實行：

一、早餐吃一大碗麥果泥。是把一些水果削皮切片後，加上一些洗淨的生蔬菜、堅果、麥片、苜宿芽等，放入果汁機打成果泥狀後直接進食。有時改吃半個木瓜、一個蘋果外加一根香蕉。

二、上班時帶一飯盒什錦水果當中餐。另帶一兩片全麥吐司或半個全麥饅頭。

三、晚餐是一碗生菜沙拉（不加沙拉醬），一盤快速水煮蔬菜，用味噌醬當佐料，一碗糙米飯或五穀飯。

在五十七天中，他不曾外食、滴油不沾，鹽罐、糖罐也束之高閣。起初幾天很不習慣，但兩個禮拜後，變化出現了。首先是上大號時一「洩」千里，三、五分鐘就清潔溜溜，暢快無比，不像往日常受便秘之苦，痔瘡也不再發作。體重共減去了六公斤。而在隨後的定期抽血做生化檢驗報告中，也發現近幾年慢慢升高的膽固醇，從一百七十五掉到一百五十三。其他項目都很正常，並未因改變飲食而有不好的變化。⑦

台安醫院保健組趙思姿醫師補充指出，在食療減重時，由於脂肪分配位置的關係，男士的減重通常效果看起來較明顯，女性減重則上半身易瘦、下半身較難，好像覺得瘦了好幾公斤後，臀部和大腿仍瘦得不明顯；但不要灰心，通常瘦了五、六公斤之後，下半身瘦下來的情形就會較明顯。

適量運動恢復生機

英國倫敦皇家自由醫院研究員表示，不論多晚開始，任何種類的適度運動，都可減低中年人的死亡率。

運動有益健康是眾所週知的事，但研究發現，不愛活動的六十歲老人，若有規律的適度運動，幾乎可使她（他）們的死亡及心臟病發作的機會減少一半。

專家建議經常散步、騎腳踏車、游泳及從事園藝，會有極佳影響。即使從無運動習慣者，也能因做某些運動而改善健康。薛波教授在接受訪談時說：

「做適度運動才是贏家，它能提供實際的利益。」

研究調查顯示，運動沒有任何不良影響，並可減低因心臟血管循環系統及其他原因導致的疾病致死率。心臟病和中風是老年人的主要殺手，不愛運動，也會引起肥胖與糖尿等慢性疾病。⑧

提到運動，台灣推倡慢跑健身的倒不少。彰化市有位四十歲的張惟盛先生，原有尿酸高、脂肪肝、痛風、高血脂、……，最後一場以爲完了的急性心肌梗塞，從彰化秀傳醫院急救後，轉送台中澄清醫院加護病房，沒幾天到台北台大醫院作氣球擴張術，幸好命大，救活了回來。

沒想到出院後又久咳不癒，想想不如吃安眠藥自殺，但又被家人送醫洗腸獲救。經過思考，終於下定決心到附近校園操場跑，一圈兩圈……，很喘很累日復一日，酸痛到抬腿上樓梯都成問題；一個月的日子，沒死去的他，終於脫胎換骨，跑出健康跑出心得。歷經幾年跑來，不吃藥不門診，舊病沒復發，很少病痛，還捐血卅多次，更狂傲要拿全國路跑賽獎盃。

⑨台北市也有位五十餘歲的江先生，以前動輒感冒，扁桃腺發炎、忽冷忽熱，勤跑醫院。自從十幾年前迷上慢跑後，整個人彷如脫胎換骨般；感冒沒有了，過敏性鼻炎也消失了。最誇張的是，不管颳大風下大雨，晚上上下班都不帶雨具；寒流來襲仍穿短衣短褲，回家再洗冷水浴。

他曾參加過慢跑比賽，也參加了爬樓梯及馬拉松比賽，唯一不變的是長跑。至今已獨自跑過蘭嶼、綠島、澎湖的公路及本島北宜公路、台二線、台九線、台十一線，台三線則跑了一半。

現在他的目標，放在征服三條橫貫公路及蘇花公路，他希望願望不久後能夠實現。

江先生因此已立立人，常奉勸患有過敏性鼻炎的親友同事，從事慢跑運動，最後全家人在耳濡目染下，也加入了慢跑族行列，當然也都漸漸體會了個中好處。

接受適宜的健康計劃

美國加州有一群醫療人員於一九七八年成立 Weimar Institue，以NEWSTART八大自然生活原則（營養、運動、水、陽光、節制、空氣、休息、信靠）來預防及治療慢性退化性疾病患者。例如：在營養上主張吃純素食之低脂肪、低蛋白質、高纖維、高複合性碳水化合物的天然食物。並強調除了飲食的調整外，還需足夠的運動、陽光、空氣、水分、休息及懂得節制、心靈有所依靠。如此一來，不但可漸漸減低藥物的劑量，甚而完全斷絕；更可使富貴病（慢性退化性疾病）回轉至原來的健康狀態。⑩

為了治療富貴病，台安醫院蘇主惠院長表示，目前國內已有醫院開始舉辦新起點健康生活計畫(NEWSTART)；六個月同樣有相當理想的成果，參加的學員中包括高血壓、高血脂症、糖尿病、肥胖症、關節炎、憂鬱症等患者。在住院二周的團體生活中，接受血液檢查、健康課程、壓力紓解、按摩水療、戶內外運動、烹飪課程等活動。八期來學員獲得改善的情形如下：

一、十四天後膽固醇下降的人數比率爲七三%，其中男性多於女性。
二、十四天後的三酸甘油脂下降的人數比率爲六二・五%，其中男性多於女性。數值越高者其下降幅度越大。
三、十四天後高密度脂蛋白低的患者其數值可增加一五%。
四、十四天後血糖下降的人數比率爲六四%，其中女性多於男性。
五、罹患心血管疾病的危險指數(總膽固醇／HDL)有顯著的下降。

新起點健康生活計畫之八大生活原則，可助於預防富貴病並使其反轉，對長期服藥的慢性退化性疾病患者而言，實是一大福音。⑪

值得一提的是，不管多注意健康，若是寂寞無依，仍然會使人衰弱；因此常與人群接觸也是養生要訣。研究發現，年老的心臟病患者若有兩位以上的親友，一年存活率比完全孤單的病人多兩倍。⑫

總之，每個人都期望可以長命百歲，但除了追求長命百歲之外，知道怎樣才會死也是很重要的事。有些死法只會禍延子孫；爲了後代子孫，除了平常多做功德外，多注意自己的健康更是重要；不然隨便請個看護工也要數萬塊，對子女來說，也是既費心又傷神。換言之，我們不僅希望能活到頤養天年，還得關切如何「死」的無憂無慮，無人受累。

因此本文提醒您務必關心自己的身體健康。

快向煙、酒、檳榔說再見
——幸福人生的健康理念

科學數據顯示，煙、酒、檳榔的確會對我們身體造成危害。為了終生都能健康快樂的陪家人生活與成長，千萬別寄望自己是極少數不受傷害的特異超人，建議您看完本文後，趕快遠離這些毒害物質。

健康的身體，是人生一切幸福與快樂的基礎，也是我們能夠爲社會服務的一切根本。因此，無論一個人用多少的努力來維持健康，都是應該的。但遺憾的是，有許多人竟然每天吸食一些有害的物質，既努力又有耐心的在傷害自己身體的健康。

抽菸害人害己

筆者曾看過有位抽煙的癮君子，在報上談到他失去健康的慘痛經驗：他說在大二那年，有一天午睡時，胸腔內突感到一陣陣神經抽痛，霎時頓覺呼吸困難、急促，身體一動，便彷彿被千絲萬線綁住心肺牽扯一般，那疼痛已非一般言語能形容。經送醫急診，醫師亦無法立即判明病情，只開了消炎藥，便要他隔周複檢；就這樣反反覆覆照了近八張片子，進出醫院十幾次，病因由疑似肺支氣管炎，到可能是肋膜炎，再到疑似肺結核，但幾個醫師皆斷言，應該和抽菸習慣有關係。

由於國中時期，因好奇及覺得抽菸是代表大人的行爲，便染上菸癮。年齡雖輕，菸癮之大卻令人難以想像；最高紀錄是一天抽掉近三包菸，這次病痛足足折磨了他近三個月時間；不僅在學業上造成困擾，更造成至目前爲止仍經常感覺呼吸常不甚順暢、喉頭常覺乾澀、疼痛，稍運動便氣喘不已。①

從此以後，他祇要看見年輕朋友不分男女，常是一根在手旁若無人，甚至自以爲帥氣，就不禁要爲其惋惜。因爲未失去健康的人，是無法體會那曾爲身心受煎熬的歲月。

根據八九年五月，衛生署保健處官員公布的數據，台灣地區居民的死亡數，男性至少有二〇%、女性七%，可歸因於吸菸所致。而世界衛生組織(WHO)也提出警告說，下個世紀因吸菸而死亡的人數，將由三百萬人增加到一千萬人。②

最近，彰化博仁婦產科院長蔡鋒博醫師也列舉了七項，顯示抽菸會降低性功能的研究報告：③

一、英國有一項(一九八一年)針對四十三位抽菸男人的精蟲研究發現，其精蟲畸形率大增。

二、美國另一項針對九十四名抽菸及一二五位不抽菸之精蟲比較；不抽菸的精液，每西西有六三六四萬隻精子，而抽菸者只剩二四萬隻。

三、一項有名的老鼠實驗：讓公鼠以六〇西西空針吸市面上的菸三六〇天，精子竟然少到沒有半隻！

四、美國一項針對一七、〇〇〇名女性研究：一天抽菸超過十五支的女性受孕力較差。

五、抽菸女性的卵巢濾泡液，可以檢測到尼古丁。

六、美國針對一三、〇〇〇多名三十至四十九歲婦女研究：抽菸的女性月經量減少，較早停經；尤其一天超過十五支的尤然，若一天超過二包，則停經年齡提早二年！

七、美國喬治華盛頓大學研究：男性抽菸使性伴侶流產率提高至六〇%。

所以蔡醫師最後，特別以一位不孕科醫師的立場，提出了極重要的建議，那就是：

「**說戒就戒，不要遲疑。**」

事實上，抽菸不但傷害自己，還會傷害別人。美國醫療及衛生組織就曾發表一份研究說，如果一個人抽煙，他得肺癌的可能性是一般人的二十五倍至四十倍；他抽二手煙的配偶及孩子，得肺癌的可能性，分別是一般人的八・三倍及三・八倍。

此外，金門縣在九七年曾發生一件載運炮彈的軍車，因爲吸菸的士兵亂丟煙蒂，造成爆炸事件，死傷慘重。九八年八月，桃園晟峰工業公司和桃園、高雄等地學校合作，接受建教生和工讀生到公司實習。有多名學生到廁所吸菸，引燃廁所中的去漬油，結果兩死四傷。④他們都是十七歲有爲的年齡，卻被小小的紙菸給奪走了生命，令人不勝惋惜。

有鑑於香煙的危害，日本Choya 梅酒台灣最大進口商蔡秋棠先生，在獨生子當年大學聯考時，爲了表示支持，主動以戒菸當做送給孩子的聯考禮物！

當年，他知道孩子面臨大學聯考的壓力極大，就對孩子說：

「這段時間，爸爸沒辦法替你緊張和擔心，只能以精神來支持你，我就從現在起戒菸好了！」

於是蔡秋棠把剩下的六包菸，看也不多看地丟進垃圾桶中。

這是一份最特別的聯考禮物，父母以「好好照顧自己的健康」，對孩子表示全心全意的支持和陪伴，意味著：

「孩子在考場上全力以赴，父母也在健康的考場上盡力，絕不抱著姑且的心態！」

這份餽贈禮之大，沒有其他的物品能取代。⑤現在，他們的孩子已經從研究所畢業許多年了，但蔡秋棠無論出差到哪裡，每天仍是黎明即起練氣功；好讓自己有個健康的身體，隨時給孩子最大的配合和支持！

適酒保肝保健康

自有人類以來，酒就跟人類難分難捨，仔細分析起來，酒會讓人又愛又恨的理由，主要還是基於它對於人體器官的作用：例如在少量飲酒時，它可以刺激血液循環，可以刺激自主神經，讓平常靦腆的人，變得口若懸河、辯才無礙；同時，它可以讓武大郎變成武松，這是酒能讓人亂性的緣故。

但酒會傷肝這是很久以來，醫學上早就知道的事情。西元一七九三年英國就有學者報告，指出飲酒會引起肝硬化症。在肝臟裡面，酒精要經過轉換變成乙醛，乙醛再變成醋酸，醋酸再變成酒精和二氧化碳，才能排出體外。以營養學觀點來講，酒精只能產生熱量，本身並不具營養成份；因此，只喝酒不吃食物的人，是沒辦法維持生命的。

一個正常的人，每天大概可以處理一七〇至二〇〇公克的酒精。以此算來，一個人一天最大的極限，大概能夠喝二大瓶啤酒；超過此極限，就會超過肝臟的負荷，肝臟就無法休息，要加班工作才能將所有的酒精處理掉。如果長期酗酒，旦旦而喝之，永遠不讓肝臟有休息機會的結果；肝臟就會受到損害，引起酒精性肝炎，久而久之還會成為肝硬化，最後引起肝昏迷死亡。⑥

在歐美地區，長期飲酒過量引起的慢性肝病，一直是他們肝硬化形成的主要原因。在酒盛產的國家，譬如法國等歐洲地區，肝病病人也就愈多。中華醫院家庭醫學科主任譚健民指出，酒精性肝病的三部曲便是一、形成脂肪肝；二、導致肝炎；三、酒精性肝硬化。一旦形成肝硬化後，再來戒酒也無法復元。⑦曾經有一度，法國管制酒類的販賣，結果肝硬化病人人數大爲減少。

同時，彰化市博元婦產科副院長陳昭雯醫師也表示，酒精不但傷肝，而且過量飲酒後，對整個中樞神經系統產生影響，因而會抑制性反射及性感受，導致續發性傷痿！酗酒的男性，更常出現性功能失調的問題，其中四〇%的慢性酒癮者會喪失性慾；還有三〇%－四〇%會有陽痿現象。另外一〇%－二〇%出現射精困難。當然若是合併肝病變時，性功能失調的比率就更高了！

至於酒精對女性的影響比較難評估；基本上性反射一樣被酒精抑制，因此會延遲達到性高潮的時間，減低高潮的興奮程度，降低性感受。⑧

此外，酒精不僅降低性反應，對生育也有影響，降低精子品質、數量、降低男性荷爾蒙；干擾女性排卵，造成內分泌失調。

因此，中華民國肝病防治學術基金會執行長許金川醫師特別提出建議說：⑨

「站在保肝的立場，我們認爲，閒來偶爾淺酌一番，你的寶貝心肝仍能默默接受，但假如不知節制，後來連肝臟這化學工廠通常都是不能自保。」

戒檳榔救己救國

九八年四月中央研究院舉辦了「檳榔問題討論會」，是首次邀集國家衛生研究所、衛生署、農委會、教育部、中華民國防癌協會、南海文教基金會、多位立法委員，對此問題廣泛討論。

根據調查，號稱為台灣「綠色鑽石」的檳榔，種植面積已經佔全台面積六十六分之一；所造成的水土保持問題，已經讓土石每年流失二十多萬噸，和水資源每年流失五十四億公噸。再加上吃檳榔及抽煙，喝酒的民眾罹患口腔癌的比例，較不吃檳榔、不抽煙、不喝酒的民眾，高出一百二十三倍，若不重視檳榔問題，學者專家擔心未來「檳榔將會亡國」。⑩

新光醫院精神科主任張尙文醫師指出，如果純就民眾醫療健康的角度來看，嚼食檳榔會引起口腔癌，會導致孕婦死產、流產與畸胎；檳榔是民眾健康的殺手，應該抑制甚至禁絕。然而業者和一般民眾會質疑抗議吃檳榔不一定會得癌症，他父親、祖父吃了一輩子的檳榔，還不是沒事壽終正寢。這就牽涉到民眾對致癌物質認知的盲點和逃避的心態。

> 從學理上看，癌症的發生牽涉到個人體質、致癌物質刺激、刺激的時間、強度，和防癌制癌機制等等因素。例如常有人舉例林語堂、蕭伯納兩人做了一輩子的老菸槍，還不是活到八、九十歲得享高壽，以此質疑醫界認定吸菸致癌不過是胡說。而事實可能是林、蕭兩翁體質特佳，或其他方面養生有術，癌細胞在他們身上硬是長不出來。但是從大規模、成千上萬民眾調查的資料，卻看到吸菸二十年以上的人，得肺癌的機會是不吸菸人的四十倍。[11]

另外，吃檳榔的「紅唇」族是不受牙科醫師歡迎的一群。每一個人進來牙齒又紅又黑，要求醫師將牙齒洗白，對自己的口腔健康卻不甚關心。

由於檳榔與紅灰黏上牙齒造成粗糙表面，食物殘屑容易在牙齒與牙齦周圍堆積，日後比一般人衍生嚴重牙周病機會大增。

再者，紅灰顆粒又硬又精粗，嚼檳榔容易造成牙齒磨損而變平變短，增加很多做假牙的困難度，也影響假牙的穩固。吃檳榔提神，卻換得日後沒牙的痛苦，值得嗎？

不論從那一個角度來看，抽煙、酗酒、吃檳榔，都是破壞我們健康，奪走我們幸福的殺手；同時對我們克盡服務社會、照顧家人的責任與義務，更是一個不利的負面因素。如果再考慮到整個國家社會必須爲這些有害的習慣，付出龐大的醫藥、經濟與社會成本，筆者與許多有識之士一樣，特別誠懇的提出呼籲：

「請您快向煙、酒、檳榔說再見吧！」

別忘了人生還有愛

——自殺問題的深層省思

自殺不但是謀殺人，也是在毀滅自己，代表一個人在心理上的封閉與精神上的悲觀，而不論從心理學、哲學、宗教與超心理學的觀點來省思，自殺都是一種愚蠢的行為，特別是自殺者忽略了生命最重要的「愛與學習」。

一九九八年五月，中華民國衛生署公布台灣民眾九七年的十大死因，惡性腫瘤仍是其死亡原因的第一位，值得注意的是，自殺（指自動的直接毀滅自己生命的行爲）首度進入了十大死因之一。而且是十大死因中增加最快的，自殺死亡人數共二千一百七十二人，而男性爲女性的兩倍。①

不過，三軍總醫院精神科主任江漢光醫師表示，實際上因自殺而死亡的人數可能十倍到廿五倍，因爲有很多自殺者登記的死亡原因，是中樞衰竭等非自殺原因。而成功自殺者，八到九成都與人格障礙有關；尤其是憂鬱症的患者，終其一生大概有八成以上的人會自殺，其中四到五分之一的人會成功。

江漢光指出，一般都認爲男性自殺者多於女性，是社會壓力之故，事實上並非如此，而與登記者有很大的關係。他指出，自殺被認爲是不名譽的事，有一名病人吃了八十多顆阿斯匹靈自殺，家屬的唯一要求是死亡原因不可以寫自殺。由於自殺者多是人格障礙者，單純的自殺只佔百分之十到十五。以憂鬱症的女性爲男性的二點五到三倍來看，自殺而死者應以女性居多，只是死因都不是登記自殺，依此推估，九七年自殺死亡的人數，應介於二萬到五萬人之間。

台安醫院精神科主任張典齊也表示，新新人類挫折的忍受度低，過度反應也導致自殺者增加。馬偕醫院精神科主治醫師劉秋平表示，邁入高齡化社會，老人的壽命延長，慢性病增加也使得老人自殺率增加。②

這些層出不窮的自殺事件，透露了一個訊息：台灣有許多人的精神生病了！病到不知如何好好的活著，也病的根本不瞭解生命的存在意義與價值。

從心理學與哲學觀點看自殺

自殺，就是對人的謀殺，而且是殺死自己。這種人因爲殺人，所以在本質上，是反人類的。因爲殺自己，所以在精神上，是完全毀滅的，是拒絕一切希望與理想的。到底是那一類人格特質，會讓一個人產生這樣的滅絕心態呢？

心理學家林格爾把它分爲三類，第一是封閉心理：喪失自我擴充力、自卑感、氣餒、悲觀；停止發展、缺乏自主自發的功能、拘泥小事、喪失興趣；退化、自我中心、在心理或社會行爲上，形成孤立狀態。這些人格特質，加上生活偶發事件，即發展爲自殺行爲。第二是攻擊性：攻擊性是面臨挫折常會出現的主要反應；當它朝向自己時，成爲內向攻擊，直接成爲自殺的推動力。第三是逃避：林格爾認爲，逃避與攻擊是並列的心理作用。青少年期憧憬死亡，把自殺浪漫化或美化，遂有幻想的逃避。

綜上所述，第一類的「自我的狹小——精神功能低落」，是自殺行為的陰性症狀，亦即人格的萎縮，以消極心態為基礎。而有攻擊性、逃避等心理現象，則屬於自殺的陽性症狀。③

不論是上述那一種症狀，我們都可以確定自殺者在精神上是非正常的。而且自殺行為之所以令人遺憾，是因為它也是反社會與反道德的。

從客觀上來說，一切真正的自殺，都含有殺人的不道德性。自殺與殺人，在任何情形下，都是拿去一個人的生命。事實上，自殺是拿去我們自己對自己的責任，也違反我們對社會以及對生命來源者的責任；這是一種對道德規避或潛逃。自殺也者，是自己在自己身上消滅道德性主體，因而拒絕自己作一切有關道德的責任。

自殺還是對社會的潛逃，對社會的不負責任；自殺的結果，是將自己對社會的道德服務，完全取消。比如勇敢的榜樣，忍耐的模範：：。人生在世，有責任為自己的完美全備而工作，也有責任為全人類的完美而工作，如果要自殺，那就是拋棄自己的責任。因此從沒有一個近代國家的法律准許自殺。

另外，人的生命的受惠於父母、家庭、社會；尤其是年輕的一代，自出生後，沒有一點一滴不是受惠自社會；也就因此，在施與受對等的原則下，一個人如何爲自己的生命，作回饋的工作，也是很重要的道德問題之一。把自己的生命結束於一時的情緒，恐怕就不是智者所爲。

同時，「自殺」已經不是單純地剪斷生命之線，而是剪斷了這些人際關係，而沒有對方的同意，甚至通知一聲都沒有，就自作主張地把這些關係割斷了。這顯然是無視對自己有「愛」、「關懷」及「寄予厚望」之人的感情。

早年有位台大美學教授，與妻子非常恩愛，不幸妻子過世了。老教授以爲從此生命沒有什麼意義，於是擇好吉日，準備在妻子靈前自殺。但是，當他一切準備就緒，就要飲毒自盡前一刻鐘，他的女兒從美國打電話來，說要馬上動身回家奔喪，並且來陪父親。這位教授才猛然想起，自己還有關懷的人，於是打消了自殺的念頭。⑤

自殺的人，總是沒有感受到愛與被愛，關懷和被關懷。也就是說，缺少了正常的人際關係。因此要防止自殺，根本的解決之道，還是要增進自己在人際關係中能獲得的愛和關懷。

即使一個犯罪的人自殺，是爲了避免自己罪的恥辱而自殺，這也是不應該的，因爲罪應該在生活中補贖，應該乘著生命的餘年，用自己的良好行爲，服務社會與人群，賠償自己的過失。同樣，爲了避免受苦，爲了不願生活在一個不治的病中，爲了避免一些不可忍受的痛苦而自殺，也是不對的，因爲，接受苦難乃是人生的義務之一。人固然可以避免苦難，然而卻不是用死亡來避免；何況，苦難還可以使人完美。

在主觀上，自殺也是不合理的。自殺的不道德性，乃是有反於自己的認知與意志的。自己的理智與意志，都不願死亡，而是因爲壓力關係，如果壓力取消，不會有人要死亡的。

一般說來，自殺多出自一個短暫的悲劇，這個悲劇原本很快就會過去。在頭腦不清楚時，決定一件這樣的大事，實在是要不得，如果事過境遷，自己也會覺得自己的決定不對。主觀上，自裁的人，一定後悔，許多自殺救活的人，都有這種疚歉存在於自己自殺或自殺未死將死的剎那。所以在基本上，人都不應自裁。

法國社會學家杜海恩在「自殺」一書中，曾總結各方面調查結果表示，自殺之人多是：孤獨、巨大的震撼、巨大的痛苦、無道德、無宗教、酗酒食毒之人。總之，一個眞正具有道德認識的人，是很少會自殺的。

從宗教與超心理學觀點看自殺

在「生」與「死」的課題中，宗教與現代超心理學的智慧，永遠是一盞明燈，它可以照亮理性所無法領會，感情所無法觸及的領域，而在人的心靈深處，燭照人的慧根，使人們頓悟到生命的意義，尤其是生命中煩惱的意義。

東西方宗教，文化都一致指出，人的生命並沒有死亡，儒家說「死而不亡」（張載）；道家說「不生不死」；佛家說「不生不滅」；基督宗教說「永生」。西哲康德(Immanual Kant 1724-1804)也從邏輯的推理說「靈魂不滅」。人如果根本沒有死亡，只是不斷在不同的空間中轉換，那麼自殺的結果，生命根本沒有消失，卻轉換到一個我們完全不熟悉的空間，甚至和我們精神狀態（沮喪、仇恨、憤怒、恐懼、逃避……）相同的世界，更令自己痛苦，也更不快樂。則自殺一事，豈非多此一舉？又如何能真正解脫痛苦？

十九世紀中葉（一八五〇年）起，西方就開始進行「超心理學研究」，其中「出竅經驗」(Out Of Body Experience)與「死亡經驗」(Near Dead Experience)的研究，已有大量的文獻問世。百餘年來，經過許多科學家、醫學家及心理學者的調查發現，在我們週遭，有許多人都曾經有「出竅」及「死亡」經驗。而經歷過這一切的人，在經過急救甦醒後，都堅信她(他)們的確曾離開身體，而愉快的活著。甚至和所謂靈界的親友和具有大愛的「光」見面。並確定此事千真萬確，並非夢境。

事實上，西方這類研究結果，與中國道、佛兩家數千年前經典所載相符；印證生命不死現象，不僅是宗教理論而已，極有可能是宇宙的真實存在。

不過，超心理學研究最重要的部份，可能是透過催眠而與「宇宙意識」溝通，所得到的驚人智慧；而這些智慧總是和中西數千年來的文化、宗教哲理相互輝印。

如近年來在國際造成熱潮的現代超心理學著作「前世今生」（Many Lives, Many Masters），作者美國西奈山醫院精神病科主任布萊恩·魏斯博士（Brian L. Weiss），記錄病人在出竅階段，和靈界高級指導者的對話中，有二段話是這麼說的：⑦

「我們的目標就是學習，透過知識而成爲像神一樣的存在，然後可以回靈界休息。接著再到世間，幫助其他人。」

「我們有必須償還的債，要是沒有還完，就得帶著這些債到下一世去，好讓它們還掉，你在還債中能得到進步。你過完的每一生若沒有償清貪婪色慾的債，下一生就變得更難；要是完成，就會有容易的來世。所以等於是你自己選擇會過什麼樣的人生。在每一個階段，自己過的生活是自己選的，要自己負責。」⑧

這些話蘊涵了東方宗教典型的「輪迴」思想，它的主旨，就是強調人生的目的，在於精神上的「學習」。「還債」代表了精神德性的進步與逐漸回復性體的純淨。如果沒有償還精神上的債務，這一生的學習就無法完成，而將使下一世的生活，變得更為困難。

「我們到世間是為了學習」這個理念，正是東西文化、宗教的「使命」思想。這個使命，儒家叫「天命」；道家謂之「歸根復命」；佛家（尤指禪宗）則說「回家」；聖經則講「回歸基督」。換言之，在我們現今生存的小世界之外，還有一個更大的生存空間、體制與律則；同時在我們迄今所能臆測之上，而它就是我們原來的家。人生最大的意義就是要回到這個母體的根源。因此，東西方聖賢針對使命哲學的終極目標，提出了許多完成天命的至理名言：

一、儒家：「明明德」（明白自己本有的光明德性）。⑨「率性」（

依循自己至善的本性）。「修道」（涵養崇高光明的道德）。⑩「致良知」（實踐、恢復良知）。

二、道家：常德不離（不能離開自我恆常永存的道德本體）⑪。「致虛極，守靜篤」（使虛靜的精神，完全超脫於名相等外物的分別，持守不動搖與本來具足的實然本性）。⑫

三、佛家：「明心見性」（明白本心自性是誰）⑬。「找回本來面目」（找到「眞我」究竟是誰）⑭。

四、基督宗教：「清心」的人有福了，因爲他們必得見上帝。⑮

東西各家所言，都肯定每個人性體在本質上都一樣的光明圓善，只是這種圓善，必須本心虛極靜篤才能展現。爲了恢復心體的至善，我們必須在世間這所短期學校修習學分：

一、扮演不同的角色：大家不斷扮演夫妻、父母、子女、兄弟、親友的倫理關係與男女性別。

二、經歷生命的體驗：不斷經歷成功失敗、貧窮富貴、愛恨情仇、出生死亡、歡喜慚愧、榮耀恥辱的種種生命體驗。

三、學習精神的淨化：所有屬於精神上的美善德性，如愛、關懷、寬容、忍耐、平和、誠實……等都是必修學分。這項課程的學習，必須持續到我們在精神上不斷提昇精進，直到進入孔子所說的「止於至善」的圓滿境地。

從以上的整個觀點來看，自殺其實是中斷人生課程，無法完成生命學習的糊塗舉動。這也意謂著自殺的人，將有一個比這一生更困難坎坷的來生。事實上，在我們人生既定道路上，早就有無數的困難與失敗在等待著我們；不過它的存在，並不是爲了要跟我們作對；而是爲了「磨鍊」、「還債」與「賜福」。果真如此，那我們爲何不坦然在此生中，面對挫折橫逆，動心忍性，用心的學習，不是反而更能增長福慧，完美生命學習的使命與體驗嗎？

結語

美國著名通靈者艾德格・凱西說過：⑯

「不要讓自己可憐自己或譴責自己。好好地活，盡力於每一件你所做的事，祂自會帶來最好的給我們。」

簡言之，妳（你）必須認清所謂的問題，實際上是機會。逃避艱困的處境是沒有道理的，靈魂的本身遲早都必須面對這些學習的課題。如果妳（你）能充分掌握這些生存基本原則的精義，妳（你）就能在任何處境中忍耐。凱西說：⑰

「現在就開始在你的心田上撒下心靈的種子，首先要撒種的就是忍耐。在忍耐中，你才能掌控住你的靈魂。耐得住，你才能覺察到肉體只是個殿堂，是個外表，心與靈才是你經常的居所。」

人生是來學習接受考驗；也是在考驗中獲得智慧與喜樂的。那麼自殺這件事，就愈是顯得愚不可及。因爲這是在生命必修課程裡的逃學行爲。問題是，在這個大宇宙的森嚴法則裡，妳（你）根本沒有逃避的可能。而且，妳（你）每逃避一次，妳（你）下個人生的生命困難就會更增加一分，直到壓得自己粉身碎骨爲止。

大宇宙中的每個生命都有完全的自由意志，但生命必須爲自己的自由選擇負一切的責任，自作自受，自力自救。如果我們肯正視古今聖賢哲人的最深邃智慧，我們就可以得到一個重要的發現，那就是她（他）們從頭到尾所強調的核心都是：

「要靠自己努力，拔除罪業之根，才能真正得救。」

兩性美德倫理篇

開啟美德世界的寶藏

兩性美德倫理簡介

在人際關係互動中，兩性關係既是起點也是終點，其重要性不言可喻。但是兩性之間的互動，有人如魚得水，有人則灰頭土臉，其中的奧妙，就在是否瞭解兩性差異，進而懂得放入令人溫暖而舒適的美德倫理，使男女相處均衡而愉快。

以生物學的觀點而言，男女兩性確實是不同的。在能力與性格方面，根據美國學者李普曼的研究，男性在空間和時間的知覺、重量感覺、數學、圖畫、參加政治活動及實際活動傾向、職業觀念、權力慾、名譽慾、勇氣、機智、思慮上優於女性。而女性優越於男性的是：味覺、聽覺、色彩感覺、想像、書寫、手工、外語、博愛精神、宗教意識、禮貌、勤奮、紀律、謙虛、感情敏感性等。男人在紀律、正直、謙虛等方面不如女性；而女性則有好猜疑、虛榮心重、易衝動等弱點。

由於，男女的差異不勝枚舉，假如將這些差異簡單的概括，大致可以得到以下結論：

第一，男性以理智為主，女性是以感情為主。

第二，男性是主動的，女性是被動的。從以上兩項差異中，又會產生自我特性的差異。

第三，男性是開放的，女性是封閉的。

第四，對於外界，男性採對立為主，女性以融合為主。

第五，在對人的自我意識方面，男性採支配的，女性是服從的。

第六，男性是獨立的，女性是依附的。

第七，男性易產生優越感，女性易產生自卑感。

第八，由於上述性格差異，在客觀表現自我個人行為方面，男性多突出自我，女性則多隱沒自我。男性是積極的，女性是抑制的。

當然，上述比較只是「相對而言」。人世間確有「女人味」的男人，也有「男人婆」的女人。但如果將這些特別者排除，基本上就得出以上的對比結果。

心理學家發現，兩性間的差異，其實有極大的部份是人們在社會化的過程中學習而來。它起自家庭，並且在學校中繼續發展，使男孩與女孩所受到的待遇絕對不同，她（他）們的行爲準則也不相同。同儕團體的活動，也具有同化的效果；此外大眾傳播媒體也同樣地塑造著男、女兩性的刻板角色面貌。

事實上，證據顯示，現代的許多社會角色已無分男女，而傳統觀點對性別角色的種種歧視，使得兩性平權障礙始終難以消除。在可預見的兩性互動頻繁的二十一世紀，男女良性關係的建立，顯然必須要整個社會發揮平、互助、博愛的美德倫理，致力於消彌兩性在角色扮演、權利義務、心理生理、以及風俗法律上的各種差異，使未來的世紀，不再有暗夜哭泣的弱勢性別。而未來的社會，兩性相處才會發展出更有力、更有創造性及更和諧融洽的良好關係。

此外，兩性之間由於「性趨力」的自然因素，使得男女互相擁有一種強烈的愛意而墜入愛河，產生了人類感情中最複雜且最被歌頌的親密關係。

不過，性祇提供了兩性愛情的「原動力」，卻不是愛情的「方向」。自尊、安全感與經濟動機才是決定兩性愛情「方向」的要件。而男女的親密關係，要能獲得穩定發展的品質，知識、共同性、相互依賴、信任、承諾與關懷的精神性特質，自然成爲十分重要的成分。

戀愛中的男女也必須謹記「脾氣來了，快樂就沒了，少點怨，多點包容；多讚美，少責備；多灑香水，少吐苦水；彼此溝通、相互了解、相互體諒」的愛情美德箴言。多體會真正的愛是要具體地、清楚地明白對方需要什麼；怎樣才能讓對方感覺被愛與幸福；以及尊重對方自由選擇的權利與尊嚴。

當然，每一種倫理關係都有其不可逾越的「雙黃線」，兩性關係的「雙黃線」就是「婚前不可以發生性行爲」。

無論社會怎麼變遷，時代如何進步，男女之間感情的建立絕對不可能，也無法簡化速成。換言之，一個建全的兩性關係，應該有一定的發展程序，由疏而友，由友而愛，由愛而婚，最後由婚而性，這是一個永恆的兩性關係歷程。一旦逾越了這道「雙黃線」，任誰都必須付出相當程度的痛苦代價。

最終，從宗教「大生命」的觀點來說，每個生命原處於「絕對宇宙」，根本沒有性別，男女性別是當我們生命墜落到「相對宇宙」之後，受陰陽兩氣推衍而產生的自然差異。大心理學家弗洛伊德與容格均曾討論到，每個人心靈中其實均包含有陰性與陽性的特性；當心魂陷溺於低層次的物慾時，男女性別也就自然產生了。換言之，人如果希望回復自我心靈的完整，就必須不斷在人世間，學習陰陽兩性所各具有的優異素質，直到我們心靈內在修養能獲得完全的平衡與和諧，而要達到這種健全調和的兩性智慧，最重要而根本的素質，就在於「愛」和「自我犧牲」。這是兩性倫理的至高美德，它既施惠於伴侶，也成全了自己，使兩性關係能輕易達到歡喜圓滿的快樂結局。

總之，兩性倫理之間，祇要能蘊涵美德精神的特質，就能使個人與社會都得到更和諧愉快的良性互動關係，正如詩人路西安諾‧克萊仙佐所說：

「我們都是單翼的天使；唯有彼此擁抱，才能展翅飛翔。」

的確，人世間的兩性天使惟有互助互愛，才能展開一雙有力的翅膀，飛向溫暖幸福的快樂新世紀。

愛我也是愛你

——互助與關懷的兩性倫理

台灣至今仍是一個讓女性無法獲得平權與快樂的落後地區，唯有主控社會的男人能體認大自然互助互愛的事實，協助女性去除兩性平權障礙，這個社會才會眞正成為一個幸福快樂的世界。

在人類社會裡，除了男人就是女人，而不論是中國推崇的「世界大同」或西方嚮往的「地上天國」，都始終基於神性進化的觀點，標舉著男女平權、老少安養的其樂融融理想世界終必實現。

但真正的現實是，人類世界一直存在著「性盲」——也就是看不見女人的陋習與偏見。這說明當前主控人類社會的男人，仍渾然不知大自然界，乃至人類世界「互助生存」的事實，猶抱持達爾文「弱肉強食，物競天擇」的神話式演化理念，根深蒂固的，在世間建構了一個牢固難破的「男性大沙文主義」。讓所有弱勢的女性，包括我們的妻女母姐，必須在障礙、恐懼的環境中艱辛的生活。這種壓抑女性的社會現象，在愈落後的地區就愈明顯，而台灣就正屬於這樣落後的一個地區。

從九三年到九八年，台灣婦女人權一直是所有人權中滿意度最差的。由於在生理、心理、法律及社會上，始終處於弱勢的地位；再加上政府長期忽視兩性平權的問題，因此，台灣的女性自然就成為「不快樂」的一群。沒有真正快樂的女性，台灣當然也沒有成為幸福世界的可能。台灣如果要成為兩性平權的快樂天堂，筆者以為，我們應該有許多努力的途徑，可以一起用心來改善：

倡導互助互愛的眞平等觀

從中國先哲的智慧來看，孔子以為我們人來到世間，是為了恢復我們光明的德性（明明德）；最終目標，則如孟子所說的「上下與天地同流」

①。人一旦恢復本心的善性；真我（性體）就能與天相合；這才完成了「天命」；②老子叫「歸根復命」③；佛家謂「回家」④。因為有相世界並非真實的世界；佛家就說「實相非相」⑤。真實的精神宇宙是看不見的；儒道釋各家都表示，每個有相世界的生命，都從非相的真實宇宙而來；旨在透過有相世界的學習，恢復自我的道德善性。

事實上西方基督宗教的哲理也不例外，以美國最受注目而廣為人知的「瀕死者」貝蒂・艾娣（Betty J. Eadie）（一位虔信基督教的法律顧問，她在一九七三年十一月因手術失誤，發生死亡意外，但幸運的經過醫生不斷的急救，終於活了回來；但她卻說出了不可思議的「死亡」經驗。後來出版成書「被光擁抱」（Embraced By the Light），此書不僅連續獨霸紐約時報排行榜第一名達半年之久；同時也成為各大學研究瀕死經驗的必讀之書。）她在死亡出竅過程中，見到了基督無比耀眼的光，並詳盡的說到那個光的「愛」：

「祂告訴我，除非能幫助別人，否則有限的地球生命是毫無作用的。

我們的天賦和才能，都是為了使我們有能力為人服務。在奉獻的過程中，我們變得神聖。」⑥

「我的經驗是，只有在愛人時，我們才有存在的意義，而救主給我的指示是——『無論如何，彼此相愛。』」⑦

基督之光的召喚，使貝蒂•艾娣在瀕死經驗中，感受到無限包容的大愛，也使她在爾後真正展開了「愛人如己」的人生。

無獨有偶的，在美國被譽為人類有史以來，最偉大的通靈者艾德格•凱西，他的靈視報告雖無宗教色彩，但卻透露了與宗教極為吻合的觀點：⑧

「不管他人往世的罪孽如何，我們必須努力去幫助別人，須知業力法則那看不見的手，自會排拒妨害其運作的任何作為，也須知漠視別人的痛苦，就會為自身帶來業報。此一隱微之事的另一重要事實是：人的意志是自由的，所有的歷史並不是像宿命論那樣，每一項小小細節都是預定的。

我們努力去幫助一個受苦的人，不論她的苦難是生理的、經濟的、社會的或心理的，不僅是我們個人以愛，來完美自身所需之經驗，而且也是能助別人成功改變其心態、意識以及他的人生航路所需之經驗。」

凱西業力法則顯示，幫助別人就是幫助自己，迫害別人同樣是在迫害自己。說到這裡，不免使筆者想到國父孫中山先生充滿道德與大愛的互助、服務的人生哲慧。

中山先生以為，人類之所以異於獸類，在於有知識，能互助；已具有人性的人類，其人性中就含有「道德仁義」。「互助」正是道德仁義的表現，國家社會是進行互助的具體場所。而互助就必須先協助他人，助人就必須本於利他之心，犧牲自己成全他人，因此犧牲與互助是一體的兩面。他因此特別提出能力愈大的人，就當盡力造福愈多的人，一旦人的服務道德心發達，才可使人真正的平等。（民權主義三講）

事實上，中山先生的道德目的，既是「利人」的也是「利己」的，因為我們都是人，我們犧牲自己，造福大眾，最後也同時造福了自己。因此大家應以「我為人人」的精神，貢獻一己的力量，來為眾人服務造福。而從兩性關係互助的觀點而言；如果男性都能建立為弱勢女性服務造福的人生觀，則台灣社會也好，或人類社會也好，必定日趨進步幸福；最終不但可以使人類得到一個真正一律平等的兩性世界，而且男性也可以生活在真正幸福快樂的天堂世界。

儘速訂定兩性平權的法律

現代社會兩性關係的緊張，應歸咎於人們不正確的性別刻板印象，以及傳統父權社會制度的影響。為了實現人類追求幸福婚姻的理想，促進男女兩性的互相尊重，民法親屬編的修改的確必要且迫切。唯有打破傳統「法不入家門」的迷思，根除封建「家父長制」的餘毒，並且基於男女平等與保護子女利益、兼顧第三人利益，與家庭和諧之立法，讓所有的人都無法假借所謂「家務事」，而侵害、剝奪另一個人的基本人權（包括生存權、自由權和財產權）。⑨

有進步的是，近來，台灣的法院判准離婚漸有採行「破綻主義」趨勢，只要夫妻確實有難以再維持婚姻之情形，法院得依民法第一千零五十二條第二項「重大事由」之規定准許離婚，並非如過去一般固守「有責主義」。

「有責主義」精神著重於婚姻的神聖性，不容許輕易離婚。也就是說，必須夫妻之一方有「損害」婚姻的責任，例如通姦、犯不名譽之罪、虐待、有不治惡疾等，始可向法院訴請離婚。

「破綻主義」是指，夫妻雙方雖都無「有責主義」的責任，但如有主客觀事實足以證明夫妻兩人無法繼續維持婚姻生活，基於婚姻美滿的觀點，婚姻既已發生重大破綻，法院即應准許離婚。

九八年八月，台北地方法院即依「破綻主義」判准一對夫妻兩造均「無責」的離婚案件，這對夫妻因個性及生活方式不合，紛爭不斷，並互控民、刑訴訟，法院認為在這種水火不容的狀況下，維持婚姻只會加深雙方衝突及傷害。⑩

此外，一九九七年台北縣林口鄉民陳麗鳳為了挽回破碎婚姻，在離婚官司訴訟過程中，向大法官會議提出對民法有關夫妻住所設限的釋憲案。

陳麗鳳指出，她與丈夫戀愛五年後結婚，婚後定居林口鄉，丈夫數年前遺棄她與兩個兒子，並遷離林口，卻反而以她未履行同居義務為由，向法院訴請離婚。她不服氣，一九九五年開始打官司，從地院到高院，法院都依民法第一千零二條的原則，認定她未履行同居義務，判決她敗訴，令她無法接受，因此九七年才向大法官聲請解釋該條文。⑪

九八年司法院大法官會議在沒有異議的情況下作成第四五二號解釋，認為民法第一千零二條規定「丈夫享有住所決定權」，違反憲法上平等及比例原則，應自解釋公布之日起，至遲於屆滿一年時失其效力。

這是大法官繼第三六五號解釋，宣告民法第一千零八十九條「父權優先」條款違憲以來，再次針對婚姻中的男女平等原則所作具有重大意義的解釋。此項解釋亦即宣告民法第一千零二條「夫權優先」條款違憲。⑫這項解釋對男女平權和女性權益的促進，有極正面的意義。

當然，這項法令的進步，並不表示已婚婦女真正得到尊嚴。因為大法官所做出的違憲解釋，只是在警告不負責任的男人，不可能再用惡法去欺凌女性。但基本上，這只是一道保障女性的最低底線；因為婚姻、家庭及夫妻間的互動與經營，它是一種情感的層次，早已超越了法律。實際上，兩人世界的互動維繫，不僅是廢除惡法，而是包容、真誠及情意的感動。

筆者相信，今後台灣如能在法律上力求兩性平等，重新界定公、私領域的劃分，使每一個人無論在公領域或私領域，都能受到法律的保障和人權的尊重，就能讓妻子、兒女在婚姻家庭中，享有獨立、自主、自由、尊嚴和平等的權利，我們才能真正期待一個兩性平權社會的誕生。

實施正確的兩性平權教育

台灣女性長期在充滿性別歧視的環境中，最需要的就是兩性平權教育。但是數十年來，台灣教育行政當局對兩性教育的態度消極。教育部所頒課程標準，雖然列有「青春期的健康生活」、「美滿的家庭」、「認識異性」、「優生與生產」、「國中健康教育」等單元，但是對於「兩性教育」隻字未提。何況「兩性教育」的整體概念，並非瑣碎知識的提供所能濟於事。各縣市教育局也沒有特別倡導。因此，「兩性教育」到目前為止，民間或學術界人士的呼籲較多，行政機關的倡導較少，這是中華民國「兩性教育」無法落實生根的最大問題。

究竟何謂兩性教育？晏涵文教授認為：兩性就是講「愛」、「照顧」和「溝通」，和輔導有相當的共同性。兩性教育主要是教導學生成為男性或女性的教育，也就是所謂的人格教育，它不僅包含解剖與生殖方面的知識，尤其強調有關兩性之間態度的發展和指引，進而提升到人際關係中所謂的愛。

藍三印教授提出：兩性教育絕非僅是兩性性行為和性知識的教育，它包含青年人對兩性的正確認識和對兩性心理差異的瞭解。它可以促進未來家庭生活的和諧和美滿；同時也可以增進兩性人際關係和個人身心的健全發展。

易言之，性教育泛指人口教育、人際關係、兩性之間的相處。狹義言之：係指男女對性生理、性心理、性意識和性行為有正確的認識和負責任的態度。⑬

杏陵醫學基金會主任林燕卿指出，現行兩性教育往往只著重於知識的傳授，忽略了道德及價值觀，也忘記了家庭的重要性；加上成人無法做良好的教育模範，降低說服力。基本上，各級學校的兩性教育，要在青少年還沒有性行為前就施行。要強調同儕規範及溝通技巧的建立，教導學生應用協商及善用拒絕的技巧，減少危險行為。應用多元的教學方法、增強個人價值及團體的規範，要有適合年輕人的教材與教學法，而且要由受過訓練的老師教導。

所幸，近來已有部份縣市的國中，開始嘗試以生動活潑的教學方式，引導學生認識青春期的生理變化、心理發展，也建立正確的兩性交往觀念，學習尊重對方。傳統被視為禁忌的兩性教育課程，在自然的學習情境中不再神祕。由於課程設計多樣活潑，可以讓學生在自然的情境中學習，增強學習效果。⑭

發展成熟健康的女權自主運動

台灣目前整體社會風氣所趨，一方面在理念上，似乎宣傳著「兩權平等，互相尊重」的共識；但現實情景所見，男性將女性身體物化，在色慾橫流的氣氛中放縱暴力。而部份女性爲了爭取女權，竟然將「身體自主權」曲解爲「性解放」運動，使人等同於禽獸，實令人不敢苟同。

台大外文系劉毓秀教授認爲，目前女權運動如果要讓女人有行動力，必須設想出一個路線、策略與行動方案；它不僅對女人有好處，對整個社會也有好處。女人覺得自在，才會有行動。因此一群以劉毓秀爲首的女性，以彭婉如基金會的名義，開始將觸角伸入社區，以治安爲訴求，把社區中一些有時間又熱心公益的媽媽，一起找出來籌備社區治安會議，綢繆社區安全大業。結果，使參與治安會議的警政單位人員都覺得不可置信，沒想到女人也可以保護男人。治安會讓女人覺得有力量、有貢獻，得到社會的肯定。而以治安爲出發點，讓女人幫忙找出治安死角，與社區商家及公家部門打交道，進而認輔行爲偏差的社區青少年。這些都是讓女人覺得自在的事，推動起來如有神助。

劉毓秀透露，這是北歐模式在台灣的一種嘗試，可以讓女性自然而然地參與公共事務，而且是女人、男人與整個社會共贏。女人不會因爲走出來，而覺得愧對家庭。⑮

至於家庭女權方面，許多女人誤以爲，婚姻就是女子一輩子安身立命的所在，只有絕對的犧牲和奉獻，才能把婚姻經營得圓滿融洽；而且，傳統所認定的「好女人」，都是扮演苦頭吃盡的角色。這種錯誤的觀念，使得女性在進入婚姻後，就自動犧牲自我、放棄成長。事實上，婚姻或感情要維持長久，靠的是「誠意的經營」，而不是吃苦耐勞。如果能誠誠懇懇去尋找兩人生命中共同的嗜好和相同的話題；那麼觀念溝通管道必定暢通。不過，想要有美滿的婚姻，最重要的，可能不能只有「愛到最高點，心中有平等」的理念而已；而是每位女性要有能力在經濟、人格、感情、知識上和男性同步成長，婚姻自然可長可久。

曾有人問英國詩人勃郎寧：「女子是什麼？」他回答說：

「她是直接從天國中送來的一件神聖的精美禮物，有著極大的愛、無窮的愛，她能夠改善家庭、改善社會、改善世界，這種眞價值必須一個男子受到失敗的創痛後，得到自己妻子的鼓勵，才能感覺到。」

女性代表人類溫柔、慈悲、美貌、寬諒、容忍與耐心的典型特質；也是社會走向幸福、和諧的根本力量；所以一切令人痛心的事，再沒有比我們漠視女性的權益更甚了，如果台灣土地上的人希望快樂的世紀早日到來，那麼就應該儘快消除時下社會一切桎梏女性的無形枷鎖；我們必須讓她們走出暗夜的哭泣，把歡笑喜悅重新灑向大地。同時，這項兩性平權的重要課題，今後不能再祗有女性團體的單打獨鬥，而應該由兩性共同來積極追求。筆者相信這個極具意義的努力，終有實現的一天，因爲西哲卡萊爾已爲此做了預言：⑯

——盡全力爲正義而奮鬥的人，勝利總是屬於他們的，這種勝利甚至具有抗衡死的力量。不屈不撓的、可信賴的精神啊，奮起吧，前進吧，無論幸或不幸，你所爭取的正義無疑終必獲勝；只有違背正義才遭毀滅；正義是無法被征服的，因爲它不是靠你的意志來實現，而是靠自然的永恆的法則來實現。

誰將我們母姊妻女銬上枷鎖

——現代女性平權的無形桎梏

在兩性世界，女性在生理、心理、法律、家庭與社會上，始終都居於弱勢的地位，甚至得不到基本人權的滿足。對男性而言，如何讓自己的母姊妻女儘速掙脫這些無形的枷鎖，顯然已有迫切的需要。

一九九八年三月八日中華民國婦女節，第三屆全國婦女國是會議在台北揭幕。大會主題是「婦女權益年」。與會代表指出，「男尊女卑」的父權思想，壓迫女性已經有幾千年，女性人格因此遭到不良社會體制的扭曲，甚至基本人權都難以滿足。雖然近年來，隨著女權思想的高漲，及民間團體的奔走，解放了女性在社會中的部分傳統桎梏；但相對於男性，女性仍處於不利地位。

此外，層出不窮的性暴力、職場性別歧視的例子，證實了結構性的社會框架，仍讓女人無法自由地舒展手腳。尤其一連串社會事件的發生，更讓女性驚覺台灣婦女於人身安全權、工作權、婚姻家庭權、參政權等等基本人權方面的缺乏。①

事實上，九八年十二月，中國人權協會發布台灣地區人權指標，透過一千兩百位社會菁英針對婦女教育、自由、婚姻與家庭、工作、社會參與及人身安全等項的評估。結果顯示，婦女人權除了教育權勉強及格外，其他包括自由權、婚姻及家庭權、工作權等均在不及格的分數。而爲國內婦女最引以爲憂的人身安全指標，則是得到了最後一名。在台灣，平均每年有上千位婦女遭到性侵害，有十七・八％的已婚婦女，被丈夫打得頭破血流；婦女人權不僅登上所有人權指標的末位，而且連續五年（九三年至九八年），婦女人身安全都是最難獲得保障的人權。學者也指出，婦女人權是邊際人權，滿意度一直是人權中最差的，而且在遞減中。其中彭婉如命案，被認爲是政府及社會長期忽視兩性平權的結果。②

從九三年的呼喊，到九八年的檢討，經過了五年，婦女人權仍然停留在原地踏步的階段；這代表台灣地區的男性，特別是掌握政治權力的政治人物，最不重視婦女的基本權力，因此台灣婦女始終是整個社會弱勢的邊緣人。

女性之所以弱勢，主要原因來自以下幾個重要原因：

生理上的弱勢

做一個男人，大概永遠也很難體會，女人每月在生理期間的不便與痛苦。這種天生的限制，從十一、二歲，至五十餘歲的更年期爲止，共長達四十年，這是生理弱勢之一。

其次，女人必須承擔人類社會生兒育女的重任，特別是生產。常言道：人生的劇痛，非女人生產莫屬。而且生產會嚴重耗損體力，必須長時間休息，不利與男人在事業上競爭。

再者，女性天生在體型和力氣上，明顯的弱於男性，一旦遇上喜好欺

凌女性的男人，女人往往總是受害者。

一九九七年，行政院婦女權益促進會，公布了「婦女人身安全政策」草案，除了顯示性暴力在國內氾濫的嚴重性外，也顯示出婚姻暴力的嚴重性。依警察大學犯罪研究所所長黃富源教授所做的調查結果，國內婦女遭受婚姻暴力者，占五分之一到三分之一。依省府社會處的調查，百分之十七的已婚婦女承認，曾遭先生虐待。

草案中指出，婚姻暴力的情況非常嚴重，但傳統上婚姻暴力的迷思，卻一直影響受害者接受庇護、服務的權利；其中最嚴重的就是將婚姻暴力當作是家務事。此外，國內對於婚姻暴力的研究，大都只強調生理或身體的虐待，對於心理、語言、情緒上的虐待，或性暴力較少研究，如果再把這些類型的婚姻暴力都加進去，相信數字會更爲驚人。

而性騷擾的嚴重程度，也一樣值得正視。據保護婦女委員會的調查，有百分之八十六的女性曾被性騷擾。台北市現代婦女基金會，對高中、高職女生所作的調查顯示，百分之十三的受調者，曾有被嚴重性騷擾的經驗，包括被強迫撫摸胸部、性器官及發生性關係；有百分之六十三的受調者，有男性在其面前講黃色笑話經驗；百分之三十三的受調者，有男性盯著其身體一部分猛看的經驗。至於在上班族女性部分，百分之三十六有遭受性騷擾的經驗。

在性暴力方面，依中華民國內政部警政署對近十年來國內刑案所做的統計：強姦受害人就年齡分布，近半數的受害人是十二至二十歲的少女；其中十一至十八歲占百分之四十二的最高比率。更值得注意的是，百分之十八的受害人，年齡在十二歲以下。就教育程度分析，百分之六十九的受害人，是國中及國小程度。就職業分析，學生占百分之三十五，家庭主婦占三十八。這與「衣著暴露、自取其辱」的傳統強姦案印象，並不一致。

③

女性在生理上的弱勢，最明顯的案例，就是印尼暴民在一九九八年五月暴動中對華人大肆燒殺擄掠，並集體輪暴華裔婦女。

在傳統父權社會，男性的自尊心和優越感，一向建立在女性的臣服和性別相對優勢之上。對個別男人來說，女人是他的財產和所有物，所以當法律和秩序崩潰，長久居於經濟弱勢的印尼暴民，憑藉人多勢眾攻擊華人時；他們欺凌的對象，竟然不是掌握經濟大權的男人，而是從幼到老的婦女，他們以羞辱和破壞男人的財產來報復男人。最終的受害者，乃是最無力反抗的一群女性。事實上，遠的不說，最近的前南斯拉夫、盧安達、阿富汗、柬埔寨、錫蘭、北愛爾蘭都曾發生同樣的事情。

心理上的弱勢

有一個少女被窮瘋了的父母賣入火坑，幾個月後警察救出了她，聰明的她在社工單位協助下，考上最好的國立大學，而且交了一位知心的男友，畢業前夕，她問她的社工朋友「該不該告訴男友我的過去？」社工朋友勸她不要，不過她天真的、誠懇的說了。

她的男友消失了幾天，最後寫一張卡片給她「如果是我同學的女朋友發生這種事，我一定會鼓勵他接受這個女孩子，稱讚她出汙泥而不染，聰慧上進，但是，為什麼偏偏是我的女朋友呢？」

當女性身體被侵犯之後，其實是男性的冷漠、不解和歧視，讓女性再度傷痕累累，所以許多女子不敢聲張，無力討回公道，只有在暗夜裡囚禁自己。當名節目主持人徐璐身體受到暴力傷害時，她的男性朋友也好意告訴她，不要說出去，要保護自己；幸好徐璐沒有被嚇退，她用自己的方式療傷止痛，自己獨力撐開漫天烏雲。④讓自己受傷的心靈獲得了解脫。

但是，大多數女性並沒有這樣的勇氣，也習慣於採取用沉默來保護自己的傳統角色。因此，即使是受害者，如果沒有辦法被社會所接納，女性根本不敢也不願意去追討公道。而遺憾的是，目前政府對受虐、被強暴及未婚懷孕等弱勢婦女的保護，也明顯救助不足。顯示社會對最需要協助的特殊環境婦女，並未給予應有的保障。

法律上的弱勢

由於深受傳統婚姻禮制「男尊女卑」、「父權獨大」的影響，因此在中華民國婚姻規範中，夫妻、父母、子女關係的法律「民法親屬篇」，根本無法對於男女平等及子女利益的保護，給予應有的重視，嚴重侵害婦女於憲法所保障的生存權、財產權、自由權及工作權；使得在婚姻中的婦女，不但得承受來自傳統文化的迫害，也得承受來自不公法律的迫害，完全失去其基本人權，也無從培養其獨立人格，只能落得一味容忍的下場。⑤

例如時下有許多單身女子，爲了生一個屬於自己的小孩，以延續自我，因此自己物色一個聰明、優秀、條件適合的男人，做小孩的父親，選擇未婚生子的道路。問題是在法律上，一旦小孩的父親也想要小孩時，他就可以依民法一千零六十五條第一項規定：「非婚生子女經生父認領者，視爲婚生子女，其經生父撫育者，視爲認領。」無須得到生母或小孩的承諾，就可以認領；甚至只要有撫育小孩的事實，不用作任何表示，小孩就視爲他的婚生子女。

更麻煩的是，即使認領的人，不是小孩的生父，認領也是生效的，除非生母或子女提起認領否認之訴，勝訴後才可以排除。

若父親想要擁有小孩的監護權，依照最新修正的民法親屬編規定，要由父親協議由一方或雙方共同擔任，要是協議不成，可以請求法院酌定子女的監護權，監護權有可能歸父親。⑥

又如一女子，在報上提到，自從她嫁給一個婚前口口聲聲說愛她的人之後，不久，竟發現丈夫居然是個成天遊手好閒的無賴。爲著他的好吃懶做，需索無度，自己必須日以繼夜的爲他還債；但不出三年，他又弄了一筆好大的債務到她頭上，表明吃定她了。

這時候，她才警覺到一直以來，自己是在做「神」的工作——企圖改變他，感化他。但長期的債務，以及龐大的債款，壓得自己日漸憔悴、夜夜失眠；這時才發現自己也只是個平凡的女人，於是拭去眼淚，下定決心離開他。沒想到，法律的繩卻緊緊的綁住她，在法庭上的哭訴，法官也只能表示同情，卻愛莫能助。因爲「不堪同居」要被揍三次，且有明顯外傷才算數；至於只爲債務，就判決離婚更是沒這回事；法官說，這是爲了保障「家庭」。這女人於是憤恨難平的抗議說：⑦

「近三年來，一點一滴流逝的歲月，銷蝕了我的夢想；巨額的債務擊垮了我的健康；悲情的法律，造就我悲慘的命運。我該認了嗎？人只活一次，我眞的好不甘心，爲了當年一個錯誤的抉擇，必須賠上一輩子。台灣的法律，你的正義何在？你的公理何在？我是不是該去控告台灣的法律綁架了我的青春？」

諸如此類的案例不勝枚舉，當女人、家庭、生活、婚姻一旦發生問題時，常會發現，法律竟然是自己苦難的第二道枷鎖。

家庭與社會的弱勢

在父權當家作主的台灣社會，女兒向來被視爲「養別人家的資產」，所以女孩子早年多輕賤的取名爲「罔市」「罔腰」或「阿滿」（夠了）、「阿婷」（不能再生了），直到今天，取名字的陋習雖然改了，但女胎被墮的現象有增無減，顯示女性胎兒的生命權，仍然不受重視。

女性一旦結婚，常發現自己被視爲夫家的管家僕，所有家事、育嬰問題必須全權負責。有些職業婦女，甚至連假日加班都不被允許，因爲丈夫不認爲女人需要有事業，祇要把家事做好就可以了。更有丈夫與公婆直接操控媳婦的資產及收入，令現代女性幾乎毫無自我存在的尊嚴。換言之，婦女身體、財產與工作的自主權、自由權及自由表達權仍未獲應有重視。顯示婦女這項傳統枷鎖愈見沈重。

其次是婦女在社會參與權利上，無論是政治、職業工作場所，及其他社會活動的參與，都沒有充分的機會。基本上，增加女性權力，是落實婦女人權的必要手段；但無論是政黨的提名政策、女性擔任公職的位階，都不足反映合理的男女比例，顯示在台灣現階段，要組織婦女或增強婦女決策機會，都很困難。而導致婦女工作權一直沒有提升的原因，調查發現是因爲婦女勞動權未獲應有保障，兩性工作平等法至今仍停在勞委會。⑧

一九九八年五月一日「勞動節」時，就發生不但有基層勞工走上街頭，連女博士、女教授也舉行記者會控訴：身爲女性即使擁有專業能力，求職時仍不免受到性別歧視和羞辱。

在女學會支持下，三位擁有高學歷的「學術勞工」，特別戴上哭泣假面，控訴應徵教職時，遭到受男性或女性系主任的羞辱與歧視。她們說，系主任很在意未婚女老師會不會是「變態老處女」；已婚的女教授會不會不專心於學術研究；或因老公外遇而離婚的老師，會不會「給學生帶來不良示範」。⑨

女性求職遭到男性的性別歧視，已是十分的無奈；如果還受同爲女性的性別歧視，實在令人匪夷所思了。

環視女性在今天社會環境下，所面臨的各種弱勢處境，我們衷心希望今後所有危害女性獲得平權，及阻礙女性傑出的社會因素，能儘快一一被消除，而且從事反男性中心思考的大業，不僅止於女性而已，先覺的男性也能共襄盛舉。文末，筆者特別引老友中興大學社會系王雅各教授的一段話做爲結論：⑩

在第二次世界大戰興起之後的性別革命，已經在半個多世紀裡改變了人類認知和思考的版圖。對世界上所有的人來說，性別平等不但不是一個遙不可及或空談的理想，女性主義已然成爲一個現實生活中的事實和訴求。在世紀之交的台灣，性盲（看不見女人的偏見與陋習）的做法絕對無法讓我們進入（並成爲）未來的世界公民。

感謝我曾經愛過的人
——兩性戀情的恕道與眞愛

男女戀愛是不是能圓滿如意，多少都有點運氣的成份，所以天下的失戀男女不知凡幾。「失戀」不是世界末日，也無需陪上生活與生命，「失戀」其實對每一個人的生命成長，都提供了積極的貢獻。

愛情有如美麗的神話一般，永遠發散著令人心醉而又迷惑的吸引力，其所牽動人類心靈的悸動，甚或不是筆墨所能形容。但愛情不是神話，它也是一種莊嚴而又真實的生活藝術與人生哲學。愛情裡有甜蜜的快樂，也有最痛苦的悲哀。至於如何處理個人感情，全賴個人是否有智慧去認清其本質並用心去學習。

愛情的本質是什麼呢？曾有一位心理學家提出「愛情三角形」來說明愛情，他認為愛情的三元素是：激情、親密與許諾。「激情」是愛情的動機因素，使戀人產生互相吸引的衝動，感覺來電；「親密」是愛情的情感因素，使感情在質的方面成長，歷久彌新；「許諾」是愛情的認知因素，使戀人確認彼此的關係，穩定地發展感情。所以就愛情的本質來看，必須涵蓋激情、親密與承諾三者，才算是完整的愛情。若雙方只耽溺在激情的浪漫，而不好好經營愛情「親密」與「承諾」的需求與責任，那這樣的戀情必難以持久，甚至可能會以悲劇收場，使曾是戀人的男女雙方傷痕累累，兩敗俱傷。①

放開心情，不做傻事

愛情這檔事，本來就沒有定律，要想此情至死不渝、白頭到老，有時候還得靠一點運氣。有時候人對了，但時機不對，不得不宣告失敗；有時候是時機對了，但人卻對不上，最終還是會以分手告終。

身陷苦戀或分手之痛的男女，常常覺得自己是全世界最倒楣、最失意的人。其實隨便問一問，妳（你）就可以找到一大堆相同的天涯失意人。因此，心情痛苦時，首先要安慰自己，多的是跟妳（你）一樣的人。或者，比妳（你）更慘，實在不必太過自憐。更何況分手祇是代表兩人此生無緣，我們真正的有緣人，正在某處等待著與我們相遇。祇有儘快從現在的沮喪失意走出去，我們下一個夢幻情人才會真正的出現。因此遇到分手必須冷靜處理，千萬別作賤自己，甚至做出傷害對方的蠢事。

還記得當知名影視女星于楓，爲愛自殺結束了自己生命的時候，多少人爲她的傻痛心和惋惜。在演藝界曾因走不出情關，同樣以自殺尋求解脫的女星李亞萍、程秀瑛、應曉薇，在從「鬼門關」走回來之後，都堅決表示不再有自殺的傾向和念頭，她們也感受到父母、子女和好友，常擔心她們仍會做傻事，而活在焦慮、恐懼中。「多愛家人一點，多疼自己一點，多關心他人一點。」成了她們走出自殺陰影的座右銘。

以程秀瑛的案例來說，十多年前，她才廿餘歲，那一晚，她和交往了十二年的男友分手，工作也停滯了好一段時間，她一時感慨於自己「黃金歲月」的流逝，在浴室吞了大量安眠藥。她的母親聽見她在浴室跌倒，拚命尖叫、哭泣，急救時，她恍惚中只見白髮蒼蒼的母親，顫抖地緊握她的手說：

「妳不能死！沒有男朋友，還有我這個愛妳的媽媽啊！」

在一旁流淚的老父飽受刺激之下，「氣喘病」當場發作，沈重的呼吸聲一直到她醒來，仍停留在她的腦海中。

程秀瑛坦言，因為自殺過一次，家人充滿了恐懼，走到哪兒，都會問一聲，她很懊悔自己「幼稚」的舉動，帶給一家人這麼嚴重的長期困擾，她了解自己的自閉傾向，決定改變自己的思考方式，除了主動和心理醫生建立訪談檔案，不時和三、五好友聚會，一有鬱悶就大聲說出來，在眾人的關懷下，逐漸走出了心靈的創傷。②

有位中年男士不避諱談婚前情，把和女友熱戀的過程全無保留地告訴太太。失戀的痛苦，以及對女友移情別戀的恨，曾讓他有與女友同歸於盡的衝動。幸虧一念之間，不忍毀掉女友，自己自殺遇救。後來認識女同事結婚，婚後鶼鰈情深；夜半私語時曾對太太說：當年命大沒死，才遇到一個好太太，享盡家庭的幸福。③他的一念之間，保全了女友，也善待了自己。

曾見過一則故事，一個女孩爲了男友而陪他赴美留學，用六年時間打工供養男友一路唸到博士學位；沒想到他卻開始嫌棄她視野狹窄，而瘋狂追求一位美國籍且家財萬貫的女孩。當男友宣布喜訊時，她也爲復仇做好了準備，並用了兩天時間，寫了七封遺書給台灣的父母、朋友。

等到開車辭別一些常去的地方時，她覺得自己對這個世界仍充滿眷戀，很不想爲了那個負心的人賠上一條命。最後，一股強烈的思鄉情懷，把她從殺人與自殺邊緣拉回來。第二天就訂了機票，打包回台灣。由於沒拿到學位，從小學代課老師做起，重新學習適應社會。現在已經是正式老師，生活得還算充實。她語重心長的說：

「放過他，其實就是放過自己。他已經那般欺負我了，我還爲他而死，豈不太傻？」④

這個女孩在最後關頭，同樣用理智救了自己，也寬恕了別人，令人聞之肅然起敬。但我們也不禁慨歎保警吳富年，因向護士諶慧蓉求愛不成忿而開槍殺人後，舉槍自盡的悲劇；星象專家陳靖怡遭男友刺殺身亡；以及任職高雄市調處的調查員袁維忠，因婚外情無法有結果，在殺害護士同居人後，選擇以臥軌自殺結束自己的生命，留下了充滿哀傷的兩家人；如出一轍的悲劇不斷在上演。這些事件給了社會極為不良的示範，幾乎可以說是到了令人「聞情驚變」的地步。

報復的心態，也許會讓人得到一時的情緒抒發，卻無助於改變現狀；祇會毀了彼此，但再也沒有明天。心理學家指出，唯有將自己從「不肯原諒對方」的情緒中解放出來，我們才會恢復平和的心境，重新開展出希望。原諒他人，不代表認可對方的行為，或漠視自己的傷口；原諒他人，是為了能放下恩怨，讓自己早日走出陰霾。

其實，天涯何處無芳草，世上多的是英雄佳人，在愛情世界裡何苦去鑽牛角尖？且把失戀、移情當作無緣，既然緣盡，寬恕地揮一揮手，祝她

（他）另覓良緣，自己也告別舊愛。不是我負妳（你），是妳（你）負我，我且另覓好情緣，心中更沒負擔。更何況既然彼此愛過，如果無緣天長地久，也感謝曾經擁有；且擦乾淚水，拂去心中恨意，把這份深情藏在內心角落。當年的哀傷、痛苦、寬容和祝福，在多年之後都將化爲美好的回憶！

⑤ 釋放情感，復原自己

近來，有位知名的女律師召開記者會，公布自己在感情中受騙的經過，以求公道，並斥責社會上充斥浪漫的愛情觀，以致自己落入愛情騙子的陷阱。「他太可惡了，我要讓社會看清他的真面目！」然而，目睹這些流竄在媒體的非常情緒，不禁令人發現很多人在情變後，採取法律及媒體途徑來教訓對方，卻往往忽略了，此時最重要的卻是儘快處理自己的情緒。

究竟在情變之後，該如何著手找回心情上的平靜呢？以下的一些方法，也許可以讓我們與生命裡的未完成事件道別，幫助我們釋放和澄清積壓的情感：

懂得「轉換心情」

失戀後，再去談誰對誰錯、誰輸誰贏，甚至鎮日怨天尤人、自暴自棄，都沒有意義。若想歸根究底尋找一個原因，只能說自己「運氣不好」。何不轉換一下心情，放下心中的怨恨，感謝妳（你）的前男友（前女友），曾經陪伴自己共度一段浪漫唯美的時光。當然，不要忘了充實自己，激勵自己不斷地成長，好讓自己更好、更成熟、更有智慧地迎接下一段戀情。⑥

以喜歡的方式整理過去的感情

依自己最喜歡或擅長的方式去做，例如：寫作、繪畫、記錄、拍照等。曾有一個失戀的女子本想在花完三萬塊，拍完一組轟轟烈烈的寫真集後自殺。但她在和攝影師重遊戀愛舊地時，卻慢慢地領悟到生命更重要的事其實是擁有自己，所以她選擇保有自己、釋放過去。⑦

向別人尋求心理諮商

找好朋友或專業的心理師諮商，讓她（他）們陪妳（你）走一段路，也許可以幫妳（你）釐清思考脈絡，讓自己不致於陷入鑽牛角尖的境地，也能清楚過去發生的事並不能影響妳（你）存在的價值，妳（你）仍然是有價值的人，仍然有追求幸福的能力。⑧

學會「獨立的生活」

離開親密伴侶的第一道功課，就是要單獨生活。要過獨立自主的生活，其實並不難，但在獨立自主之外，還要能渾然忘我地在生活中「遊戲」。獨立生活並不等於「孤獨」，如何和自己相處，本就是每個人一生必須面對的課題。正如美國著名心理輔導家約翰布雷蕭所說的：

「良好關係的先決條件是：兩個『完整』的人決定要『共處』在一起，然而卻知道，即使沒有了另一方，自己仍能好好地活下去……」⑨

只有曾經面對過孤獨，獨立自在的生活，知道自己有能力過得充實，才知道何謂「真愛」，以及如何追求「真愛」。

閱讀心理成長的書籍

了解自己是一條漫長的路，一本適合妳（你）的好書，會像好朋友一樣，陪妳（你）走一段最重要的路。

誠實檢討自己

有心成長的人，首先必須誠實面對自己，勇敢承認，自己也有不盡完美之處：「我不該還有太過浪漫的想法，以致一下子就陷入熱戀中」，從中更進一步了解自己，作爲自我改善的動力：「原來我會因爲極度渴望被愛，而失去了判斷力，下次得多注意。」檢討失敗的原因，不但可以幫助自己儘快走出失戀的陰霾，更可以讓自己擁有實力和勇氣，去面對更多的挑戰，享受更豐富美好的愛情生活，如果一味將責任推諉給別人，只會讓自己無法藉這個機會成長，而容易重蹈覆轍。⑩

歌星陳雷的「隨緣」歌裡有一句歌詞這樣說：

「人生路上有很多發展，又何必一直留戀情緣？」

的確，外面的世界還很寬廣，把眼界放長遠，別老是鑽牛角尖，柳暗花明又一村，人生的境界一定會因此而豁然開朗。

曾有位智者講了這麼一段故事：一隻小狗以為快樂長在自己的尾巴上，便鎮日原地打轉，想尋到快樂。一隻大狗告訴牠，只要往前走，快樂自然跟著來。⑪

物換星移的多年以後，說不定妳（你）會感謝當年幾乎讓自己粉身碎骨的情人，因為她（他）們，妳（你）才真正嚐到了成長之美。

其實，真正成熟的兩性之愛，並非佔有，而是能以設身處地的同理心時時刻刻為對方著想，祇要所愛的人能真正幸福，那就是我們的終極目標，至於配偶是不是我，已不重要。就像「愛的真諦」一書所揭櫫的情境一樣，任何的理想都不能祇是口號，大家都有責任共同為締造一個懂得真愛的社會而努力。

追求瀟灑的愛情與人生
——大學校園中的兩性關係學分

大學裡會發生一連串的情殺問題，除了兩性教育不足外，人格教育的失敗也是重要的因素。做為一個現代知識份子，是不是能較理智的去判斷兩性愛情的意義與眞諦？本文將給您一些參考性的觀點。

自從清大發生駭人聽聞的女研究生情殺事件之後，校園兩性倫理的問題才終於浮上檯面，開始受到大家的重視。

過去一般人容易有一個迷思，就是一個人學歷高，她（他）的道德品格水準一定高，絕對很難相信會做出傷天害理的事。但事實上，高學位擁有者，從學士、碩博士，甚至到教授級的學者，亦有品操低劣，拙於處理人際關係、兩性問題者。這些高級知識份子，其實也是凡夫俗子，只是在其專門領域中頭角崢嶸。

由於長久以來我們的學校教育只強調智能、科學訓練，對於學生如何活得像一個人、如何維持和諧的人際關係、如何處理兩性間的感情問題，向來即不重視；因此，許多在科技上表現傑出的學人，在面對情關時，即表現拙劣、近乎低能，思考直線、不具彈性，自傷、傷人的案件時有所聞，以下即爲近三年來高學歷知識分子的情殺事件簡表：①

時間	事件
84年2月	新竹市中華工學院鄧介希殺死情敵輔大陳東煜
84年4月	高師大卓姓女生前任男友教唆他人，連續對卓生潑硫酸受傷
84年10月	清大化學系徐明聖為挽回女友，在實驗室飲用水下毒，致多位同學中毒

85年10月	台大工學院男生，因為被女友拋棄，跑到女友家頂樓跳樓自殺死亡
86年1月	銘傳大學會計系劉志明不滿女友李佩琦要分手，將她殺死
86年5月	工研院機械研究所中區服務中心副研究員李秉熹因追求女同事被拒，涉嫌在辦公室的飲水機放水銀，企圖報復。②
87年3月	清大研究生洪曉慧因三角戀愛殺死情敵許嘉眞
87年5月	大學生黃介科及女友曾文華因情感糾紛，於北市泰順街民宅引爆瓦斯殉情。③
備註	右列事件僅作者蒐得之資料，不代表事件的全部。

一個高學歷的人發生了犯罪案件，有人說是兩性關係教育不足，其實眞正的原因是人格教育的失敗。因爲她（他）們不懂得每一個人的生命尊嚴，更不懂愛情的眞義。遇到挫折，不會自我反省，或向親人朋友專家求

助，統統怪罪他人，等事情爆發、衝突發生，往往不知如何處理，然後情緒失控，犯下大錯。這些傷害往往是因為自私、自卑、佔有慾、嫉妒或其他的陰暗性格造成，而不是愛情。

人格教育失衡，易走極端

根據精神分析學家寇哈特，與心理治療專家李清發二位大師的理論，人在發展過程中，除了肉體逐漸成熟外；心理的成長亦須吸收足夠的養分與依循一定的過程，才能造就出獨立完整的人格。心理成長最重要的目標，在於我體（SELF）的形成。人出生時，原無自我的概念，需要兩種對元（Selfobject）供給心理養分，才能發展出我體。第一種養分是來自於父母師長及同儕的肯定與包容，第二種則是父母師長及其他重要人物所提供的理想典範；第一種養分讓人有抱負，能夠勇往邁進，第二種養分讓人有崇高的目標與慰藉的來源。此二種養分在成長過程中須有適當的供給，才能塑造如大樹一樣的人格；過著充滿活力、平靜與和諧的生活。而在與異性結合時，才有本錢貢獻自己，扶持對方，且能在對方離去時給予祝福。

反觀成長過程中，此二種養分匱乏者，無法造就獨立之人格，一生如餓鬼，汲汲營營尋求其他方面的滿足來填滿人格的空洞。尤在兩性親密關係中，因其最能提供養分，於是人格缺損者，便如藤蔓植物依附對方吸取養分，而一旦此養分來源橫遭剝奪，其痛猶如心頭肉被剜，其反擊有時便一發不可收拾。④

台南長榮管理學院代理校長簡春安說，處理感情方式的成熟與否，和年齡及教育程度都沒有關係。如果只因失戀而寧可玉石俱焚，這是一種心理病態。這些容易走極端的人，平常表現應有脈絡可尋，她（他）們多半不太合群，稍不如意便怨天尤人，憤世嫉俗，情緒很不穩定。

簡春安特別強調，處理感情是每個人都必須學習的功課，家長從孩子小時就應該教導她（他）們對人對事多一點尊重和體諒，培養接受挫折的能力，否則在傷害別人的同時，也傷害了自己。⑤

談戀愛，要帶點「灑」勁

九八年媒體透過網路以及人際網路，打探近年大專院校流行熱門課程趨勢的結果發現，大多數學校受到校園兩性問題層出不窮的影響，所開的通識課程已有生活化、人性化、反應社會流行的趨勢。如「兩性關係」這門課幾乎是每個學校必開，而且每年都開的熱門課程。但熱門、流行的課程，通常在許多主、客觀因素下（如限制人數），讓大多數學生有種搶著修、又可能修不到的遺憾，這種情形尤其是人數眾多的學校，最容易發生。

其次，像「兩性關係」這類同質性的現代社會人際互動的相關課程，還有兩性心理學（大葉工學院）、兩性社會心理學（世新傳播學院）、婚姻與家庭制度（台大）、社會變遷與個人調適（政大）、兩性關係與法律（政大）、人際關係與溝通（交大）、表達的技巧與藝術（交大）、口語傳播（世新、輔仁）、傳達技巧（交大）、衝突與談判（政大）等[6]人際溝通技巧的課程，也愈來愈在校園學生裡受到好評。

儘管大專院校近幾年已不斷爲學生增開兩性關係的戀愛學分，但是粥少僧多的結果，許多人仍沒有機會選修；或者部份學生認爲兩性問題實在非常簡單，沒什麼學問可言；根本無須再費心繳費上課，各種原因，使大學兩性教育仍存有許多無法普遍化的死角。這一點，有一位清華大學的女同學就在媒體上，提出她的觀察與感想：⑦

「我就讀的三年多年，感受學校在有關兩性問題上所投注的努力，即使在學校經費被教育部大幅刪減的情況下，學校仍不斷提供兩性關係的課程或活動，只是在台灣的教育環境裡，上大學之前，沒有一種課程教導我們如何和異性相處，似乎大家都應該「自然而然」地學會，因此即使學校開課程，仍舊有同學覺得不必「浪費」時間去上這種「沒有用」的課。自行摸索的結果，有人跌得鼻青臉腫，有人鑄下了大錯……。兩性教育的貧乏，使我們從小就懂得去愛、去尊重異性，這樣教育體制下的學生─而我也是其中之一，讓我覺得很可悲，因為即使書念得再好，如果不會處理感情問題，那麼永遠只是一部讀書的機器罷了。」

要改善這種扭曲的價值觀，光靠大學開設「兩性之間」的課程是不夠的，更重要的是家庭教育與學校教育雙管齊下，父母與老師應該用更坦然的態度去面對，去教導孩子們什麼是正確的兩性交往方式，才是最根本之道。畢竟愛情這個複雜的兩性與人際關係，正像一首流行歌說的：「媽媽您無對我講，愛情的路這歹行」。從孩子開始懂得「情」字爲何時，就要教導她（他）如何面對感情？而不是放任自己去摸索，放任的結果，往往是當初料想不到的結局。

中原大學校長張光正博士，曾將他個人大學生涯的一段感情失敗的故事提供給學生分享。張博士從小就開始暗戀一個女生，而且發願將來一定要追她，當時他的哥們也都知道他喜歡這個女生，沒想到大學聯考這個女生考上台大，他只考上中原，爲了追她，決定重考；結果如願考上台大農工系水利組，沒想到和這女生僅約會一次，聽了場音樂會，再約就被拒絕了。後來才知道，一位常常幫他出主意追這女生的老友竟反而把她追走了。張博士這時百感交集，五味雜陳，情緒十分低落，但反覆思考結果，他認爲「男女感情這件事情感該是雙方互相的，不能勉強」。再進一步自我分析想著：

「似乎我這好朋友，也找不出他有什麼錯來，我好像沒有理由恨他？結果那天就想通了，一股瀟灑的勁全出來了」。

張教授說，解決失戀就是要自我瀟灑，不需要有自卑感。自己要拒絕自憐，不要可憐自己，不要有自卑感，反而要有一點驕傲，覺得不管自己能不能找到女朋友，總之就是：

「我愛妳這女孩子，所以，我尊重妳的決定」。⑧

張校長的失戀案例，其中的重點在於愛情並非不重要，而是愛情的真義在哪裡？愛情不是佔有，就算對方真的是你的最愛，你亦不必一定與她廝守才能完成愛情，《麥迪遜之橋》是另一個好例子。基本上，我們每個人一生主要都是在追求生命的意義，而追求生命意義有大多數人在年輕時，都會認爲愛情是生命的全部。年長之後，慢慢體驗了生命中有太多事情，遠重於愛情。親情、友情、對社會的責任，充實的生活，追求生命的意義，遠比兩人世界的愛情更爲重要。

讀書進德，莫逐歪風

現代年青人說，談戀愛是人天經地義的基本權利，祇要兩人願意，怎麼談都不干別人的事，但真的是這樣嗎？最起碼兩性關係的諮詢專家就不會同意這種說法，因爲學生的本務在求學讀書，如果捨本逐末，把時間多半用在談情說愛上，結果如何不問可知。其次，學生的戀愛，應保持清純自愛，絕不應該輕率的逾越兩性倫理的友誼關係，貿然進入婚姻倫理的性關係，特別是在戀愛階段就發生性關係，對感情不但沒有好處，反而多了傷害。一旦分手，傷心之餘，對愛情或人生，是否也會喪失信心？

這幾年來，年輕一代對試婚觀念的接受度大爲提高。甚至有學生私底下說，某大學開設的「實習夫妻」課程是多此一舉，因爲她（他）們老早就已經身體力行了。現代的年輕人似乎認爲，只要先婚前同居，就能減少婚後的不幸，甚而降低離婚的可能性。這種自認爲「深謀遠慮」的想法，到底正不正確呢？

近年來美國的幾項研究中，都發現，試婚者在婚後的十年內，分居或離婚的可能性比未試婚者高出三分之一。而在兩性關係開放的北歐地區，心理學家發現，婚前同居者的離婚率，在有些國家竟高達百分之八十。⑨這些數據顯示「同居可以降低婚變」的歪理，根本禁不起考驗。換言之，兩個人即使「同居成功也會婚姻失敗」。

至於為什麼同居者會有較高的離婚率呢？心理學家指出，願意婚前同居的人，本身就已經較能接受「親密關係不一定要永遠存在」的看法，才會採取試婚的方式，抱著「如果不合就拉倒」的試試看心態；這種想法也很可能在婚後感情不滿意時，造成「不合就離婚」的原始理由。換句話說，同居者很可能本來在想法上，就比較能接受離婚的作法。⑩

所以，若想要降低婚姻的失敗率，同居顯然並不能達到目的。真正幸福婚姻的秘訣，應該是建立在如何真正了解彼此，並培養對婚姻的共識。

有一名曾同居，但最後分手的淡大女生就說，自己跟男友提議同居時，只是單純的想「就近監視」，熟料勉強的同居仍然勞燕紛飛。而一位盧姓學生家長說，他堅決反對自己女兒在校外跟人同居，如果發生這種事，不惜斷絕她的經濟來源以示懲罰。⑪

事實上，不論「同居」是成功或失敗，都仍不確定兩人會有幸福的未來，更何況耽溺於兩情性愛，不但磨滅了我們心中貞定兩性倫理的那把「光明之尺」，同時也勢必將大好的學業做為陪葬。

說到這裡，筆者想到今年卅三歲，卻同時擁有美國密西根州立大學物理學博士和康乃狄克大學經濟學博士雙博士學位，現任長榮管理學院國際企業系系主任的李隆生教授，他的逐夢故事值得現代年輕朋友參考。

李教授在台大物理系畢業服完兵役後，隨即赴美密西根州立大學進修物理學，繼續追逐他當科學家的夢想。花了五年時間去攻讀碩博士學位。他依然深刻的記得，在修讀物理學博士的時候，他擔任教授的研究助理工作，該份工作是他重要的經濟來源。那時他的女朋友也到美國唸書，他花了很多時間和女友談情說愛，結果研究助理工作沒做好，教授責備他，甚至要把他撤換掉，經過他的苦苦哀求，教授給了他一次機會，於是他認真的工作、認真的研究。結果，女友卻跑了；不過，他仍然以堅強的毅力完成目標。

取得物理學博士之後，他驚覺先哲不僅精通科學還通曉人文；而且他年輕時代也曾有過的第二個夢想，就是做一名政治家，於是他又毅然的前往康乃狄克大學修讀經濟學博士。於是花了兩年時間，又取得了經濟學博士學位。

李隆生取得了物理學和經濟學雙博士學位，但他說人生的道路不是筆直的，有時相當迂迴，在美國修讀博士的時候，他也曾遭受許多挫折。⑫最後他特別以自己奮鬥的經驗勉勵年輕朋友說，年輕人要有追逐夢想的狂熱，要有挑戰生命的熱情，要有追求真理的執著，或許有時候還不清楚自己真正要的是什麼，而且自己想要追求的理想隨時可能改變，但「大的方向」還是要盡量掌握住。有了方向，路走岔了，沒關係，再走回來就好了，只不過多迂迴一些而已；最怕的是沒有方向，隨便亂走。⑬

李博士輝煌的學術成就，基本上是堅持本務，終底於成的結果。而且不論何種情況，即使女友不能接受體諒他的決心離他而去，他也絕不受影響。這正深合「大學」一書所說的「君子務本，本立而道生」的寓意，而對於時下許多不重視倫理分際，整日沉迷在愛情遊戲裡的年輕學生而言，也應該有一些人生的啓示意義吧！

戀愛，是人生的大事，可是終究不是唯一的事；更何況，戀愛也不見得只此一次下不爲例。戀愛當然是人生必修的學分，既然這樣，失戀、分手又何嘗不是成績單上可能的結果呢？戀愛，靠一點運氣，靠很多浪漫；分手，可就全靠冷靜的理性和智慧了。這些課程是書本、是聯考不會教，也教不了的智慧。⑭

現代的年輕學生必須懂得積極去學習愛情ＥＱ學分，特別是當情場失意時，也能以看得透、想得開、拿得起、放得下的達觀情愫，彈性地處理一切糾葛。不過更重要的是，我們不能僅將整個生命的意義放在單一的愛情上，或科學知識的追求上，而是應該從我們人生一切的倫理關係互動中（包括兩性倫理），學習到能使我們面面俱到而安身立命的大生命智慧。若是一味強調「愛情掛帥」，豈不是個本末倒置的人生？

讓愛情幫助自己成長

——新女性的愛情功課與習題

不論每個新女性對「好男人」的定義是什麼，但若要找個天長地久的伴侶，尊重、包容與深情的男性，可能才是值得託付終身的人。

最近打開報紙，迎面而來的一連串感情糾葛的三角八卦新聞，叫人目不暇給。周玉蔻、寶寶兩位新聞界女人公審黃義交；清大男女同學的交往牽扯能殺人毀屍；知名婚姻顧問邱彰也湊一腳，在她第二次短暫的婚姻中栽了個大跟頭；也有帶著女兒仰藥的離婚婦女……知名與不知名的，從南到北，各式各樣的兩性恩怨，看得人禁不住要搖頭。兩性間，到底出了什麼問題？爲什麼讓女人在「感情」這一關，竟然會被傷害得這般慘烈？

為自己找個安全的男人

台灣近幾年流行一股「新好男人」風潮，特點是感情忠實、工作忙碌、花錢節制、少說謊，家庭至上，嚮往天長地久，是大家公認的安全族，他們在比率上較不易背叛婚姻或感情。但有愈來愈多女人（常見的是美麗女星）認爲，經濟基礎甚於一切，最安全。也有人的安全標準是年紀較大、長得較平凡或不擅言辭等。

但是，一天到晚守著家庭、工作和老婆的好男人，在有些女人眼中，可能不是好男人，因爲他沒魅力且往往不解風情。反過來，不拿錢回家、對妻兒沒責任感的壞男人，多擅長在公眾場合談笑風生，很多女人往往都會給他們一點機會。這些壞男人的基本特徵是，瀟灑、博愛、嘴巴甜、遊戲人間、花錢不眨眼、只想曾經擁有。目前社會上常見的幾種壞男人典型，一是設神壇騙財騙色的，二是專門騙女人的職業牛郎等。層次較高的，則有富商、世家公子、黑道大哥、有魅力的政治人物……等。

有許多女人只因爲自己輕忽無聊或老公外遇，寧願找個喜歡但不安全的壞男人排遣，上當後又後悔。

不過絕大多數女人被騙的對象，多是僞裝「安全」，而爲了騙取感情的小奸小惡的平庸男人，畢竟暫時當個好男人陽奉陰違個幾年，並非難事。

不過，男女愛情究竟安不安全，它的關鍵並不在男人，而是女性自己。否則怎有這麼多嫁入豪門的美女，終究仳離？一輩子花用不盡，還不夠安全？

日本名導小津安二郎在「晚春」一片闡釋婚姻說：「結婚就很幸福是不對的，幸福須靠雙方努力很多年，一起開創出來。①換言之，愛情一開始就很安全是假象，安全是兩人歷經考驗及挫敗後才得到的果實。

眞愛在於包容

有一次在一個小型的公眾聚會，聚會中探討的主題是：您心目中理想伴侶的條件。主持人要每個人談談心目中理想伴侶。有些男同學開始侃侃而談，說對方一定要溫柔、嫻淑、有智慧、漂亮……。女同學也不甘示弱，談論她心目中的理想對象一定要負責任、體貼、幽默、老實、長得帥……。

當每位參加聚會的人都說出心目中理想對象的條件後，主持人也說出了他的答案——他希望對方要能接受他的好，也能夠包容他的不好。

這個出乎意料之外的答案，令在場與會者心中十分感動，也相當贊同。談到「對方能接受他的好」，筆者想起一個真實的愛情故事：

有位大學女生，除了口才好、文筆佳之外，兼有清逸秀麗之美。拜倒在她裙下的各大學當紅才子，不計其數。畢業後第一年，在上班途中，她不小心摔了一跤，腳受傷了，看遍大小醫院，仍然一跛一跛的，家人只好求神問卜。神明指示，她出事時正沖了當地的神明，除非她從住處帶著三牲九香，三步一跪，九步一叩，直拜到出事地點，否則永遠好不了。

消息傳開了以後，有一位默默暗戀她的學弟，謹慎地再問了神明，是否可以代跪這一段路？學弟在死黨罵他沒出息，學生、家長驚愕的眼光中，代替至愛的女子，不理會世俗的眼光，堅毅地三步一跪、九步一叩，直拜到出事地點，女學生竟奇蹟似地不藥而癒。她（他）們結婚了，學姊幸福地說：「我再也找不到比他更愛我的人。」②學弟轟轟烈烈地證明他的愛，學姊也以感動的心靈去接受了這份真愛。雖然，生命的遺憾難免，人生的無常依然。但因爲有真愛，世界充滿了付出與關懷。

當然，「對她好」的眞愛，究竟能不能長久永恆，這就得看彼此是否有顆包容的心。常常看到男女朋友意見不合，夫妻吵架，仔細想想：不就是因爲彼此只能接受對方的好，無法包容對方的不好嗎？但試想世間那有十全十美的完人呢？那一個人不是或多或少有些壞習慣、小缺點？可是我們卻常用百分之百完美主義的標準，來要求心目中的另一半。人眞的不盡完美，然而重要的是不完美的我們如何用寬宏的包容心，去面對心目中的理想伴侶。

小說家亦舒寫過一則故事，敘述外星球的一班大學生，以地球男女的愛情爲研究專題，親身體驗之後的結論是：

「地球人類根本不懂得愛為何物；至大的悲劇不在此，至悲哀的是，每個地球人卻渴望被愛。」③

真愛不是要求，不是比較，更不是勉強對方迎合自己的需要。真愛是尊重、是包容、是帶著無限的深情欣賞對方，帶著真誠的心攜手共度每一個風風雨雨、平凡普通的日子。

但世上有一種可憐的女人，在愛情中完全沒有自我，千方百計地照著對方的意思去雕琢自己，換來的卻是對方更失望的評論：

「我覺得妳沒有自己的個性！」

有時候，對方的評論只不過是一種想要分手的藉口，偏偏癡心的人聽不出來，反而為了滿足對方而對自己苦苦相逼。歷經感情千山萬水的人都知道，如果對方不斷提出挑剔的條件，而且堅持若女方不改變，他就變心。這樣的人，不值得妳付出真感情。因為「愛一個人是完全地接受對方，包括他的優點和缺點；而不是企圖改變對方。」④

我們會發現在練習接受對方所有優點和缺點的過程中，鍛鍊出自己的寬容。就是因為這份寬容，讓人生的境界得以更上一層樓，獲得更廣闊的生命視野。

愛情，是一生的功課；寬容，則是永遠的習題。

愛無須勉強

日本人說：「相逢是別離的開始」，很有哲理。引伸到男女關係上來，莫非相逢也是分手的開始。所以兩性交往，分手是極其正常的結果，也無須過份擔心。中央大學中文系曾昭旭教授就建議現代男女只要能理出頭緒，了解自己尋愛非為排遣寂寞或貪圖功利，就應把握機會嘗試，成敗倒不重要。「因為，成功了，可能得到幸福，就算失敗，也能得到智慧」。而據他觀察，多數人須先得到智慧，才能獲致幸福。⑤

而兩性交往的智慧，除了基本人際關係的尊重、關心、讚美、替對方著想之外，就是不要怕他冒險。心愛的人遠走他鄉、追尋夢想，就讓他去，祝福他。如果擔心愛人成長壯大了，會失去他，以「愛我便不能離開我」的理由強留他。就算留得住，其實留的是怨恨。妳也不必怕他跌倒。電影「阿甘正傳」的女主角珍妮每將遭惡人欺侮，阿甘就跳出來痛揍對方一頓，她受不了這種愛，吼出來：「到處有人想碰我，你不能永遠在旁保護我啊！」人生本是各一生，無法強作守護神。愛他，是在他跌倒時扶持他，不是處處防他跌倒。妳更不須要阻止他離去。凡走過來的人都相信，最幸福的婚姻是隨時可以離婚，最美滿的感情是隨時接受分手。勉強留住的愛情，只剩苦味。王家衛在電影「春光乍洩」裡講的「不如重新開始」這句話⑥，其中含了有幾許的深意，也是值得體味的智慧。

一位有智慧的女孩，她在發現自己感情出現第三者之後執筆寫信給他，一訴衷情。想讓他知道，自己終究想他，喜歡和他在一起那種舒坦的感覺，喜歡和他分享自己的夢想，當然，也想知道他又是如何看待自己。信寄出去了以後，接下來，便是漫長的等待。一連數月過去了，自己終於明白，原來石沉大海也是一種答案。她說道：

「我在想，我該緊張嗎？不，我並不緊張。我很坦然，或許，在情感上，我是失敗者，但走出傳統、勇於追求自己想要的，卻使我獲得心靈的自由。想想，人的一生，花多少時間在等待別人，等待別人開口；而被動的等待，會喪失多少可能的幸福？我主動追求，即使失敗，卻跨出等待的一步，得到心靈的自由。」⑦

人常說，在不真誠的感情中，女人會變的堅強，也更能面對孤獨。因爲長久而一往情深的等待一個移情別戀的男人，畢竟需要很大的勇氣，但卻也真正理解了「因失去而自由」的人生智慧。

不久的將來，也許我們會因此發現，眞正美好而理想的伴侶，會隨時在下一刻出現。

婚姻十字路口停、看、聽

——兩性婚前教育與婚前準備

看多了婚姻悲劇的人會發現，其實，許多婚姻問題是源自於男女雙方沒有作好婚姻準備，甚至完全不了解婚姻的結果，一旦您準備結婚，本文也許可以提供一些未雨綢繆的建議。

近來在媒體上，看到兩個不幸婚姻的造成，都是在婚禮前一天即可預期，卻沒有理智挽回。

兩位準新娘都是在結婚前一天，才知道準新郎離過婚且有子女，雖有強烈受騙及憤怒的感覺，但婚禮在即，只好勉強步上紅毯。

甲新娘婚後不久即告仳離，乙新娘則和丈夫經常吵架，關係惡劣。①

「婚前認識不清」是許多不良婚姻的前因；若加上對方刻意隱瞞一些重要事情，更容易使婚姻惡化變質。當然，如果婚禮前對這婚姻有抗拒，理應暫緩婚禮，能篤定接受對方時再披婚紗，否則硬著頭皮結婚，反而得不償失。

眾所周知，任何人由單身進入婚姻的轉換階段，是人生一個重大壓力時期，因爲這個轉換歷程，需要經歷重大的改變，當然需要特別的調適和協助。學者Lewis 基於家庭發展生命週期的觀點認爲，進入婚姻的轉換階段，是一個關鍵時期，由情侶變成夫妻的角色轉換，反映著將面臨許多複雜的發展任務。②

而婚姻轉換過程中，所面臨的壓力和所作的調適，能否維持家庭健康成長的平衡與和諧，主要在家庭擁有的資源與責任二者之間，能否平衡；Lewis 認爲影響轉換的壓力源和支持力量，是由四層因素所影響：③

1. 社會系統的影響：例如環境與角色的改變、對婚姻的態度等。
2. 代間傳遞影響：例如親子關係、代代相傳的觀念和行爲等。

3.核心家庭人際互動的影響：例如家庭適應與凝聚力、溝通類型等。

4.個人人格特性的影響：例如人格成熟度、自我分化程度等。

前述甲、乙兩新娘的婚姻失敗，一開始就牽涉到新郎人格不誠實的特質問題；而在往後夫妻相處中，可能在家庭適應、雙方溝通……等各方面，都面臨了挫折。

基本上，夫妻雙方的支持力量，若足夠對抗壓力源，而能成功轉換進入家庭生活，將是未來家庭適應發展的基礎；否則自然容易導致未來家庭功能失調。若無法因應而失去平衡的夫妻，甚至可能會寄望以孩子來改善兩人關係，這可能會將問題間接轉拋給下一代。

再加上結婚後，隨著家庭發展週期的轉換，不同階段也有不同的發展問題待適應；可預見地，勢必面臨更多不同的壓力源。更何況人生尚有許多偶發不可預期的壓力事件，如工作異動、失業、喪失親人、車禍等。其嚴重性可突顯出：婚姻在不同階段間的互相影響下，婚姻失調就有隨時發生的可能性，不可不先停、看、聽。

婚前多了解婚姻與對方

在婚姻中，女性比男性要接受較多的挑戰，她不僅是嫁一個丈夫，也是走入一個必須重新適應的家族，以及肩負整個家庭的責任。因此，當許多年紀很輕的女孩，懷著對幸福婚姻的憧憬，而急著早早嫁作人婦的時候，家長的反應反而是憂慮多過於喜悅的；反對多過於贊成的。

有一位大學剛畢業的女孩要結婚的當天，撒嬌的去拉爸爸的手，要和他一起合照，不料爸爸抽開她的手，拒絕與她一同入鏡；因爲他無法接受女兒即將爲人婦的事實，尤其是女兒才從大學畢業，就要進入家庭；單身貴族的生活都尙未享受，即要肩負家庭的責任。自己當年才滿二十歲，懵懵懂懂地就結了婚，早早承擔經濟的壓力，也吃了不少苦，受了許多挫折，他不想女兒再吃同樣的苦。

祭祖時，新娘祖母帶領新人上告祖先，老人家開口說不上三個字，早已哽咽得說不下去，躲到內間去任淚水奔流了，而新娘母親也流了一腮的淚，大家都不捨她尙未經社會的洗禮，未享受當小姐的自由，就要被家庭

所束縛；最後，祖母送給了她一句話：④

「甘願做歹命某子，不願做好命媳婦。」

希望她能好好體會其中的涵義。

此外，婚前也有必要多了解對方家庭，因為夫妻離異不一定是兩人之間的問題，有些婦女因難以忍受婆家的煎熬，寧可放棄婚姻；這種因外界干擾而犧牲婚姻的情況，不勝枚舉。

一個妻子不願拿錢給丈夫買酒喝，公公一家人竟拿棍子打她，造成她肌肉長期痛楚，雖然丈夫待她不差，但其家人帶給她的沉重傷害，使她含激離去。

有個各方面條件甚佳的青年才俊，母親在他高中時還為他綁鞋帶，這種男性，到了卅八歲還未婚，原因昭然可見。任何一個不了解他，和母親關係的女子，如果嫁給他，日子想必不怎麼好過！⑤

接受婚前輔導

就婚前輔導的對象而言，有兩大類未婚男女急需婚前輔導，預防未來

可能發生婚姻問題和困擾，做好婚姻準備：一是交往很久的情侶。二是決定即將結婚的準夫妻們，企圖在婚禮之前，協助和教導婚姻中的相關議題，做好進入婚姻的心理準備；其實施主題有：⑥

一、澄清兩人的結婚動機及對婚姻的具體期待。
二、認識兩人的背景及原生長家庭差異對婚姻的影響。
三、認識兩人的性格及互動方式對相處的影響。
四、分析兩人的職業和經濟狀況對家庭平衡的影響。
五、協助婚禮與蜜月旅行的策劃與意義的體會。
六、協助婚後生活的安排。
七、協助婚後生育計劃與優生保健。
八、性生活問題。

根據Wison和James的研究發現，夫或妻單獨接受個別式的婚姻諮商，其效果常是負面的，夫妻聯合會談式的婚姻諮商效果優於前者；因而鼓勵夫妻一起參加。

不過，上述的婚前輔導，立意雖佳，但常因未婚準夫妻們欠缺預防概念，未必有參與意願。因此中華民國內政部已在研議，未來在結婚登記的規定中，可強制規定「夫妻須一同接受過四小時的婚前免費輔導課程」，方可正式登記為夫妻。因為一般人要開車上路前，需先通過駕駛考試，入學前需先通過入學考試；結婚這等人生大事，卻只要成年男女談妥即可，太過草率。上述的規定可提醒想結婚的男女，慎重思考與準備。

結婚不能依賴協議或保證書

有位準新娘是個凡事都要未雨綢繆的女孩，有鑑於現在的離婚率這麼高，因此她想和未來的另一半，在結婚前先訂定「婚前協議」。其中就家事分配、子女數目、財產管理等事項先立下約定。如果一方不能遵守，則他方可主張離婚。

此外，並就兩人日後若走上離婚之路，雙方先約定好財產分配、子女歸屬等問題。準新娘心想，如果對方願意簽署這樣的婚前協議，才能放心的嫁給他。但是根據台灣一九六一年台上字第二五九六號判例：

「夫妻間惟恐一方於日後或有虐待或侮辱他方情事，而預立離婚契約者，其契約即與善良風俗有背，依民法第七十二條應在無效之列。」—因此，當婚姻亮起紅燈時，夫妻任何一方，都無法以對方違反婚前協議為由，訴請裁判離婚；當雙方面臨離婚後財產分配、子女歸屬等問題時，也無法訴請法院依照婚前協議來判決。⑦

因此有人說，婚姻若是只憑著一紙協議書，就能保證必贏的話，那麼，人生也未免太簡單了！

不久前，在一個女性的談話節目中，偶然的聽見兩位暢銷排行榜的知名女作家的對話，A未婚女作家說：

「結婚前，要把財產所得分配，以及將來生活經費的支配，全都訴諸文字條款化，必要的話，要找律師公證。」

B已婚女作家不假思索的反唇相譏：⑧

「若要這麼現實，又何必結婚呢？」

一年多前，台灣媒體上，曾刊登了一則與眾不同的結婚證書「儒林版本」，它的結婚證書其內容如下：

一、恪守家規，謹遵家教。

二、服從太太的命令。

三、貫徹太座的政策及決議。

四、不得攻訐太太。

五、不得洩漏太太之體重、三圍及年齡等機密。

六、不得做出損害家庭的行爲。

七、不得加入其他家庭。

八、不得在家裏另組家庭。

九、有出席家庭會議、分擔家事之義務，並按期上繳薪資。

十、生活經費的籌措，應以配合瞎拼(shopping)事業發展之需要爲目標。

有許多人看完這則儒林版本的結婚證書，都覺得幽默而有趣。當然，結婚證書其實祗是良心的執照。目前的社會風氣是，不管什麼海誓山盟，什麼道德標準，處在這個詭譎多變的時代，任何的約定，似乎都已不再可靠；人永遠都在改變，前一分鐘的想法，並不代表後一分鐘的行為，誰都不能保證自己永遠不會變。因此，結婚證書只能是一張良心的執照。⑨

有鑑於目前台灣地區離婚率節節上升，學者林茂先生認為在沒有更好的社會救濟方法出現以前，他認為拯救婚姻須採長程和短程的作法，包括：一、強化學校兩性教育課程，作為兩性和諧相處的基礎。二、在全國各地設立婦女資源站，提供婚姻教育、諮詢和輔導，減少傷害。三、由保險公司提供「婚姻保險制度」，在婚姻諮商師簽證制度中，加上金融行為，使婚姻得到一定程度的保障。

「婚姻保險制度」共有四個設計：一、由保險公司聘請婚姻諮商師開設「婚前成長班」，讓戀愛中男女——尤其是婚嫁男女認識婚姻本質、婚姻生活現實，並買張婚姻保險。二、結婚證書上加列諮商師簽證欄，諮商師為家庭顧問，並在婚後提供定期充電與不定期輔導，以全程追蹤每一段婚姻的變化。實施時間可在新婚第一年左右、婚後十年左右、結婚二十五年左右。因爲學者葉高芳依其臨床經驗發現，婚姻的三個危險期是新婚第一年左右、婚後十年左右、結婚二十五年左右。三、若要離婚必須保險公司聘請原有的婚姻諮商師簽字，成可領保險金、代付贍養費，以減少離婚兒戲的情形。四、保費的精算由保險公司核定。⑩

目前國外雖有結婚契約的制定，在婚前約好婚姻生活細節；但婚前所訂的契約內容恐易脫離現實；保險方式由諮商師協助，也許是更積極的方式。

筆者相信，面對現代婚姻的高度不確定性，不管夫妻雙方在婚前有了多少的保障和協議；根本上幸福的婚姻，還是要靠雙方努力的經營，一紙婚前協議或生活保障，畢竟是無法保障終生美滿幸福的。

所以，有一些年輕人，會開始懷念自己上幾代的那段純真的歲月。只憑著媒妁之言、父母之命，便定下了終身，不需要約束，更沒有承諾，便情義堅定、禍福與共的相互扶持一輩子！

有些時候，靜觀默默體會著父母親之間的那種不必言明，便情深意濃的患難夫妻情感，真是一種令人羨慕的純真感情和歷久彌新的倫理美德。

不論如何，今天任何一個想要踏進婚姻關係的現代男女，為了自己的終生幸福著想，都千萬不要著急，妳（你）一定得耐心緩步的，在邁向婚姻這條路之前「停、看、聽」。

選己所愛，愛己所選

——男女擇偶心理學

我們一生中最渴望的，就是找到一個最好的婚姻伴侶，即使離婚的人也不例外。不過，甚麼樣的人會是我們最理想的對象呢？這要看妳（你）的對象指標是什麼，本文中有許多的討論，可以找到答案。

婚姻是一個人一生中最重要的過程，但在我們的教育中，卻很少談到如何去瞭解婚姻，特別是如何選擇配偶。因此在婚姻路上，大多數人在婚前，沒有打定主意選擇那一種配偶；熱情洶湧到極點時，馬上求婚或答應求婚，一旦同衾共枕，不久之後，自然會怨聲長嘆！

例如沒有慎選的男人，十個裡面，幾乎有九個半在婚後不久便會後悔；有一部份心理學家便指出這種觀念，全是未作準備的心理作用造成的。換句話說，他選擇配偶的時候，只知道選擇表面上的東西，例如漂亮的臉孔以及性感的身段；但在婚後，卻需要看護、主婦、會計員、甚至事業上的助手。這樣的落差，當然極有可能發生後悔。

任何一個女人都不會內外俱美，同時還擁有許多優點；所以，貪心的丈夫，便會不自覺地發生一種錯覺，以為自己選錯配偶。其實，祇要沒有擇偶準備，就算他與另外一個女人結婚，不論遲早，他仍會後悔；而且愈是悔恨，就愈加自討苦吃。

至於許多女性在選擇結婚對象時，也有「三高」的條件。所謂的「三高」指的就是：高學歷、高收入以及身高要高人一等。通常也就是要一流大學畢業，任職於著名企業，還得是高個子的帥哥才行。據調查最受歡迎的男性身高是一百七十公分以上。在婚姻介紹所的個案中，三十歲以下女性的擇偶條件大都還是秉持此「三高」的原則。①

這些女性的擇偶條件是學識好、高大挺拔的有錢人；可是實際上婚姻最重要的卻不是這種表面的物質化條件，而是基於心靈的精神條件做爲考量。因爲外在物質條件，會有極大的變化，而兩人的婚姻卻是長久的心靈契合，是爲了彼此能共創理想的生活，來找尋理想的異性，可能才是正確的選擇。

擇偶的策略與心理

社會學家Krox表示，許多人之所以會婚姻不穩定，是因爲不成熟的結婚動機所造成，它包括：一個親密關係結束後，急於遞補空虛的動機；反抗父母或其他外力的婚姻動機；逃避家庭不睦關係的動機；因對方體態吸引的動機；爲排除孤獨感的動機；因爲社會壓力、金錢因素的動機。事實上，如果不想經歷婚姻夢魘，專家認爲，較理想的婚姻選擇是——百分之三十的感性加上百分之七十的理性。②

而想要理想的婚姻，任何人首先都必須要認識一個如下的基本過程，並配合積極參與的態度：③

圖一：結婚的基本過程及策略

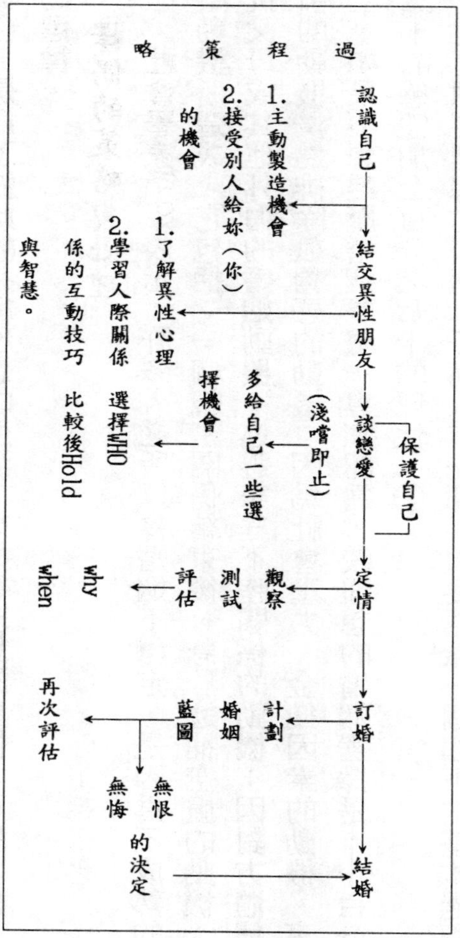

我們在右圖的基本過程中，會發現一個人要邁向婚姻，必定要經過幾個重要的階段。

首先在「個人倫理」的基礎上，必須能認識自己，修養自己，並能追求自我實現。其次，在「人際倫理」中認識異性心理，學習人際關係互動的圓融技巧與智慧。第三，在「兩性倫理」裡談戀愛，記得保護自己，多做觀察、測試與評估，最後才能做一個無恨無悔的決定。

至於從理性的角度來分析，男女性朋友還必須先回答一個問題：

「爲什麼妳（你）要結婚？」

別以爲這個問題膚淺，事實上，戀愛的學問，除非經過專精深入的研究，否則一般人實在很難發現其中的奧妙，而建立選擇配偶的心理學智慧。

美國西北大學社會學教授羅勃．溫區出版了一本叫做「擇偶」的書，他以心理學爲基礎，根據社會學的研究方法來採取統計資料，用八年的工夫，以二十五對夫婦爲研究對象，得出一個結論。他的結論是：

「男女之愛基於自我效勞，它的原始目的是爲了愛人者的利益，而非所愛者的利益。」

他指出每個人都傾向於愛一個具有補償自己所欠缺性格的人，來解除自己內心因無法實現的願望所引起的苦惱。一個強壯粗暴的男人，可能內心裏盼望著成爲受人撫愛的孩子。而事實上這又不可能，於是他就愛上了一個嬌弱溫柔的女子，由他來保護她，照顧她，從她的身上他可以得到另一半自我的補償。而在女子方面，因爲自己生性懦弱無能，內心裏盼望自己能堅強一點，能幹一點，有了一個強壯的丈夫，她的願望也就間接完成了。所以擇偶，雖然原本是基於自私的動機，結果卻對男女雙方彼此有利。

溫區教授認爲這種心理需要的契合，是戀愛的基本因素。這種心理補償力量比對性的慾望，美色，投合的興趣，在擇偶上的影響要重要得多。常常有人向一對表面看起來並不相稱，而她(他)們彼此卻非常要好的夫婦發出疑問：「她（他）們究竟愛上彼此那一點？」不知道這就是心理補償的作用。一個愛講話的女人，令許多男人覺得她嘮叨，但可能配偶卻認爲她談笑風生，活潑可愛。一位專心家務的婦女，許多男人會認爲是典型呆板乏味的主婦，但有些男人卻覺得是嫻慧婦德的代表。這個心理補償的理論，也可以說明，爲什麼人們往往愛上完全和自己願望相反的對象。

一般年青朋友如能瞭解這個心理需要補償理論，也可以避免許多因一時的情感衝動，而草率完成的婚姻。根據美國社會調查，凡是在二十歲以下結婚女子，她們的離婚率，要比二十二至二十四歲結婚的高三倍。男子的情形也是一樣。這就是這個理論的最好證據。

精神性指標優先參考

一九九二年八月，聯合報民意調查中心，曾調查台灣地區十六至四十歲民眾心目中的好情人，發現最能吸引異性注意的男性或女性，男女的看法相當一致。男孩子心目中的好情人，首先要能相互容忍，其次要溫柔體貼，再來是興趣相投和了解自己。女孩子心目中好情人的條件，和男孩子相同，多數都希望有個溫柔體貼、能互相容忍、興趣相投的情人。請參閱

下圖：④

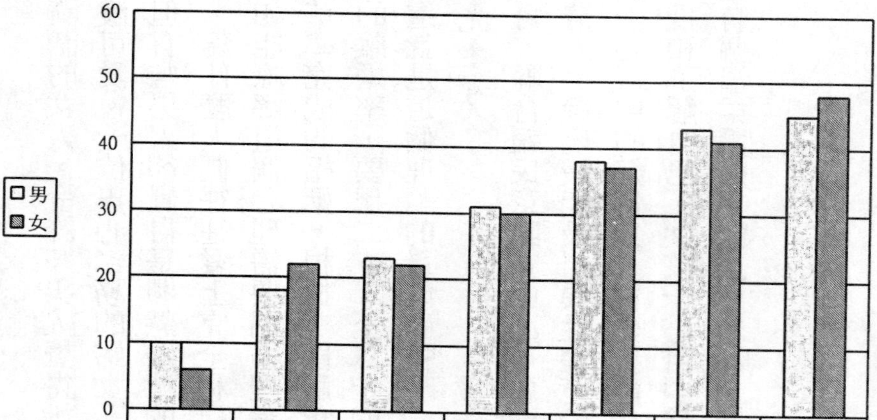

	順從聽話	很照顧我	價值觀相同	非常了解我	興趣相投	溫柔體貼	相互容忍
□男	10	18	23	31	38	43	45
■女	6	22	22	30	37	41	48

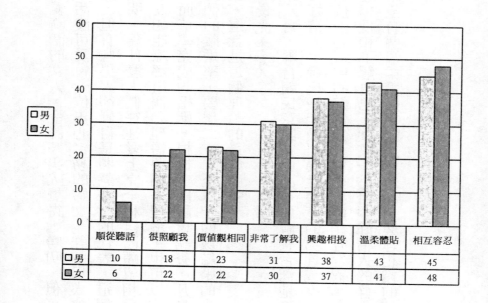

從上圖，男女性彼此認定的好情人，似乎是偏向功能性與精神性指標：希望對方能具有一定程度的功能作用與精神美德，將有助於培養快樂和諧的相處氣氛。

此外，根據兩性專家陳艾妮小姐的問卷結果，分析統計出台灣男女性心目中嫁娶黑名單排行榜，也值得參考，茲錄於下：

不可嫁的男人排行榜（有＊號者爲男女心目中共同的黑名單）

不可嫁的男人排行榜（有※號者為男女心目中共同的黑名單）

排行	百分比	女人認為不可嫁的男人
1	50%	對家庭不負責任者 ※
2	43%	嗜賭博者 ※
3	38%	風流好色、感情不專者 ※
4	30%	脾氣粗暴無理性者 ※
5	26%	酗酒者 ※
6	20%	大男人主義者 ※
7	12%	好吃懶做、不上進者 ※
8	11%	自私自利者
9	10%	小氣吝嗇、好高騖遠不誠實者
10	8.1%	不夠成熟者
11	7.2%	品格欠佳、懦弱無主見、無固定職業者
12	6.3%	不懂得關懷他人者
13	5.4%	身體不健康、太多話者
14	4.5%	過分內向、木訥、只懂得賺錢者
15	3.6%	喜猜忌、無經濟基礎、不孝順、學識程度不足者
16	2.7%	出身不健康家庭、油腔滑調、不愛國家者
17	1.8%	揮霍成性、寡母獨子、太自卑、太英俊的男人、個性及生活習慣不合、吸煙者、不務正業、思想及言論偏激、太自大者
18	0.9%	心理變態、長相不正、生活習慣太糟、沒有幽默感、自閉症或同性戀、不善溝通、無創意、死要面子、不解風情、無愛心、不愛乾淨、不守時者

不可娶的女人排行榜

排行	百分比	男人認為不可娶的女人
1	26%	水性楊花、生活不檢者 ※
2	21%	蠻橫、任性不講理者 ※
3	14%	沒有家庭觀念且不負責任者 ※
4	13%	愛慕虛榮者 ※
5	12%	好吃懶做好賭者 ※
6	11%	三姑六婆型者 ※
7	8%	不孝順、心胸狹窄者 ※
8	7%	奢侈浪費、嬌生慣養、不獨立、嘮叨、不成熟、太精明能幹、驕傲、不溫柔者
9	5%	太自我主義者
10	4%	嗜酒、不善理財、疑心病重、不喜歡做家事、濃妝艷抹、心地不善
11	3%	不修邊幅、事業心太重、太笨、拜金主義、不愛小孩者
12	2%	太醜、同性戀、不肯吃苦、守財奴、沒愛心、無主見、沒知識、風塵女郎 不會管教子女、愛搬弄是非、冷漠、勢利、怪癖
13	1%	生活習慣不合、自私、不能生育、教育程度相差太遠、過份現代或過分保守、不尊重別人者
14	1%	沒有能力去愛的女人不可娶
15	1%	不像女人的女人不可娶
16	0.9%	無不可娶之女人，因為不可嫁的男人，可以去娶那些不可娶之女人

不過，較令人不解的是，男女性表達的這些選擇異性的功能性與精神性指標，一旦真正到了結婚的配偶選擇，竟意外的轉變成了最基本的物質性指標。

根據中華民國單身福利協進會一九九一年十月所做的一項擇偶的統計，男性單身者擇偶最重視的項目是「年齡」，但女性單身者最重視的項目則是「經濟職業」，其圖示如下：

單身者擇偶最重視的項目

排名＼性別	男性		女性	
第一	年齡	四一・七%	經濟職業	六一・三%
第二	身材外貌	二三・八%	學歷	二〇・五%
第三	學歷	一六・三%	年齡	一三%
第四	經濟職業	一五%	身材外貌	四・七%
第五	宗教	二・八%	宗教	〇・五%
第六	血型	〇・四%	血型	〇%
第七	籍貫	〇%	籍貫	〇%

右圖顯示，台灣兩性之間的擇偶條件，仍屬最基本的身材、外貌、職業、收入、學歷等等的物質性指標，而非前述功能性與精神性指標。問題是，男性即使找到了年齡合適、身材外貌甚佳的配偶；或女性找到了收入頗豐、學歷甚高的伴侶，是否就能因此保證從此獲得幸福美滿的婚姻呢？

答案當然是否定的，否則目前台灣離婚率也不會在四十年之內，攀高至四倍之鉅。如果參考前述溫區教授心理補償研究，男女性擇偶最穩當可靠的優先依據，可能應該是功能性與精神性指標，最值得優先參考。

依筆者之見，在現代社會，即使找到的男性擁有財富和學歷，或女性具備美貌、身材，但這與結婚後兩人是否幸福或能否天長地久，幾乎劃不出等號。筆者一位女性親戚兼有美貌、高學歷和工件佳的好條件；丈夫也有瀟洒、高學歷、高職位收入的優異素質。但十餘年婚姻後，仍因丈夫外遇而結束了婚姻，留下幾個孩子必須辛苦照顧。所以，面臨目前「非常離婚」的年代。我們其實可以先未雨綢繆，爲自己找一個擁有較多功能作用與精神美德的優質伴侶，讓婚姻之路一開始，就已經成功了一大半。

Glick 博士曾說：⑦

「婚姻被視爲人類生存的最大快樂、健康和最盼望得到的一種東西。人們離婚並不是不喜歡婚姻，而是想找個更好的伴侶。結婚可使我們更長壽、更健康，愈來愈多的人結婚，愈來愈多的人維持更長的婚姻生活，同時結婚的年歲也提高，婚姻是我們生活的重要核心。」

有準備的婚姻，將不再是人生的一大冒險。婚姻的幸福與否要靠自己婚前的智慧篩選，若說「佳偶天成」，則怨偶必定是自己造成的。若不希望自己所選擇的對象，有一天成爲怨偶，便應在婚前多作謹慎選擇，以便真能「選己所愛，愛己所選」。

走上婚姻紅毯之前

——兩性的擇偶指標與智慧

婚姻的美夢想要實現，選擇優質配偶絕對是關鍵。究竟什麼樣的人是最值得與我們終生廝守的伴侶，本文有許多具體的建議。

一生中，無疑的，對大多數人而言，「結婚」是諸多夢想中最共通、最執著、最美麗的「夢」了！

夢想，是人生中最美的一部分；但怎樣讓夢想成爲「美夢」，而不是「惡夢」，就要考驗自己的智慧了。

筆者有一次在一個聚會場合，和五位女性討論婚姻問題，一談到「誰對婚姻不滿？」，有兩位女性立刻舉手。第一位的丈夫是位博士，職位很高，但性情粗暴，夫妻經常吵架；最糟的是公婆要求控制她的財產，其公公常向媳婦拿錢，若有不從，立刻棍棒交加，打得遍體鱗傷。第二位是婆婆思想陳舊，很難溝通，但卻喜好掌控家中一切；她說晚上睡覺時婆婆甚至不准她和先生關門睡，令她無可奈何，卻又深感怨忿。

對於以上這兩則真實案例，筆者相信一定有許多人感到不可思議。實際上是，太多女性和男性朋友都在不認識婚姻，不瞭解愛情，不認識配偶和其家庭，以及懷著不夠成熟的心理下結了婚。不知不覺中生了小孩，做了母親和父親，開始過著連解謎的時間都沒有的婚後生活，直到發現問題，才曉得可能一切都太遲了。

看盡了太多婚姻悲劇的人，所得到的共通警覺應該是一必須拋棄傳統僵化的以選鈔票、選學歷、選外表做爲擇偶的優先條件；而考慮從品德、性情、習性與對方家庭等等最根本的因素著手篩選。至於應該注意那些重點呢？本文將作以下的討論。

配偶必須具備的基本條件

基本上，每個人的特徵—表情、肢體語言、生活行為、思想意識，都不斷在妳(你)面前說話。如果妳(你)在選擇配偶時不懂得注意這些明顯的特徵，而選錯了對象，終日眉心緊皺，那是自己不夠聰明，沒有理由來責怪別人。最重要的是，妳(你)所要的配偶和其家庭，必須能盡量使自己感到了解、信任、舒適與溫暖，其他一切條件，可能都是較次要的。

基於這些需求，妳(你)的配偶最基本條件應該是：

一、心地善良的伴侶

曾見過台北地區的一個案例：一名卅九歲劉姓男子因不願與女友分手，涉嫌採激烈的恐嚇、挾持、辱罵、裝竊聽器、打人等手段，企圖留住女友。士林地檢署偵查終結，檢方起訴說，劉犯罪的事證包括：打電話給李女，以假音罵她「死，妳去死」；寫信給李女指稱「背叛，要妳死」；當面恐嚇說「妳給我小心，不然會死的很難看」；在李女住處外牆噴寫「狗男女，不要再騙$」；侵入李女住處，裝設電話竊聽器；強押李女到他台北縣新莊市住處，還對她拳打腳踢。檢方起訴的罪名是：恐嚇罪、無故侵入住宅罪、強制罪、毀損罪、傷害罪。檢方還說，劉偉華所犯的五項罪名，犯意各別、罪名各殊，應該分別論處併罰。①

我們深慶這名李姓女子幸好安全脫身了，否則真要是稍有失察，和劉姓男子有了法律上的婚姻關係，究竟會發生那些後果，實在難以想像。這也說明了配偶心地是否善良，是任何一個婚姻能維持多久的重要參考指標；因為內心良善的人才會有愛，懂得疼愛對方，珍惜婚姻與子女，肯用心和妻子一起在婚姻中成長，較具有照顧家庭的責任感。

同時，心地善良的人，也會有最基本的良好品德，能成為家庭或事業成功的基礎。一個品德高尚的人，必定也有寬大的胸襟，對人態度誠懇，做事光明磊落，對婚姻的忠誠度自然較一般人高。這種優質的精神美德，是婚姻億萬難求的瑰寶。

通常，就筆者所知，心地善良的族群，一般說來，有宗教信仰的人比例是較高的，因為心中有愛是宗教教義的最基本要求；而且宗教一般也不允許教徒輕易的離婚，對婚姻的穩定與保障，自然也提高了許多。不過，自己交往的伴侶心地究竟是否善良，必須要做長時間的觀察和測試，才能真正發現對方這項美德的厚薄。

二、有良好家庭背景的伴侶

婚姻雖然是兩個人結婚，但是卻必須和配偶的整個家人和家庭，終生保持密切的互動，因此絕對有必要瞭解對方的家庭背景，否則很可能會作錯誤的選擇，使將來的婚姻帶來問題。然而，怎樣才能考察對方的家庭背景呢？筆者建議在談話中，不妨注意對方下面幾項問題：

㈠對方的父母教育水準如何？彼此相處情況如何？
㈡對方的父母，在過去以及現在做些什麼工作？
㈢對方的父母，有什麼特別的嗜好？
㈣對方的家庭，是否爲一夫一妻制，抑或一夫多妻制？
㈤對方的父母親，是否很難溝通？
㈥對方的家庭，是數代同堂，還是分居式的小家庭？
㈦假若對方的父親或著母親，很早便死亡了，則死亡的原因如何？是否為遺傳性疾病？

(八)對方一共有多少兄弟姐妹？兄弟姐妹情況如何？（在心理學上的研究發現獨生子或獨生女的性情，多半較有兄弟姐妹之人的性情為怪癖，這可能與家庭生活孤獨的因素有很大的關係。）

(九)對方的家庭，是否有宗教信仰？

(十)對方與父母、兄弟姐妹之間如何相處？（這代表了對方也將用同樣的態度，來對待妳（你）的父母與兄弟姐妹。）

家庭背景的重點，在了解對方是否有一個正常和諧的家庭，而這與自己未來數十年的婚姻生活，有極其密切的關係。

三、有良好生活習性的伴侶

婚姻其實是一種生活，而不是一種制度，它是兩個來自不同環境背景、習性的人在一起過日子，而不是討論如何過日子；因此雙方若只是彼此了解，性趣相投，而習慣卻南轅北轍，結果仍將是貌合神離。

「小動作」是了解生活態度的主要媒介，男女交往多由餐飲、購物開始，對待服務生的態度，等候上菜的神情，以及購物的方式，再再提供了對方的生活習性；這些在不經意之間流露的特質，往往是日後共同生活會一再重覆的翻版。此外，我們還必須敏銳的注意對方一些生活上的小細節：

㈠對方是否有良好的睡眠習慣？（包括睡眠前的活動；起床的時間，起床以後的活動。）

㈡對方是否有良好的習慣？（包括飲食的時間，飲食前的活動，飲食後的活動；食物的性質和份量以及其他雜食等。）

㈢在空間的時候，對方常作那些活動？有無特殊的色情癮、賭博癮、麻將癮、六合彩癮、釣魚癮或吸毒癮？

㈣整齊清潔在對方，是否感覺困難而不易做到？或對方有潔癖？

如果平常不易觀察出來，對方又不肯據實以告，我們也可以從對方朋友方面，（即對方的朋友、對方父母的朋友）探聽出一些輪廓。假如能在找自己終身伴侶時，能注意到對方若干細小的事情，那麼，妳（你）的選擇將會是非常智慧而正確的，而不致誤入歧途。而了解對方習性，再反省自己有無這份能耐，自然對未來的婚姻選擇就容易把握。

當然，擇偶最怕的一種情況，就是許多男女性一遇見看來頗爲心儀的對象時，就馬上昏了頭，而完全失去理性；如果是這樣衝動的個性，恐怕就得賭一賭自己的運氣了。

擇偶不能交給命運

筆者見過一些人，太過於相信命運，連自己選擇配偶的終生大事，都相信命運會安排一切，或是直接交給算命先生來決定。事實上，這是十分欠缺理性而且值得商榷的。

美國最知名的通靈者艾德格・凱西(Edgar Cayce, 1872-1945)曾在催眠報告中，解答了許多前來尋求擇偶的疑惑問題，其中許多的案例，蘊涵了相當豐富的哲理，頗值得大家參考：

有兩個年輕男女詢問兩人是否應結婚。報告告訴她（他）們，過去曾有二次一起的經歷，一次在波斯、一次在埃及。這解釋了兩人彼此的強烈

相互吸引原因。至於她（他）們這次的婚姻，報告卻並不明朗，凱西說：②

「如能就理想與目的，二人協調好，這會成爲一次美好的經驗。」

女孩問：

「是否還有別人可與我結爲夫婦，並獲致同樣的幸福或更幸福？」

給的答案是：

「哦，我們或可指出二十五個或三十個這樣的名字，如果妳一定要這樣做的話！婚姻是件妳要成就它的事！如果妳要現在做成它，這裡妳就有個經驗要經歷它。既然妳遲早必須做，不如趁著現在就把它給做了吧。」

在某些案例裡，回答卻是直接了當，如：③

「問，與我現在訂婚的人結婚是否適宜？

答：不適合！」

凱西從「大生命」（生命永生）的觀點，也否定了命定的觀念，而且報告並不說明每一個案的婚姻，究竟是適合或不適合的原因。即使在認爲婚姻是適合的案例中，是否要決定結婚，也全由個人來決定。

凱西的報告，其實也說明了，每一噴嚏，每一次蚊蟲的叮咬，每一頓晚飯，並非是許久前由自己的業障來決定。大部分我們生活中的細節，完全看我們的想法與意志。事實上，我們生活的每一件事，不論大到像婚姻，小到像買蘇打冰淇淋，歸根究底，都是自己決定的。現在置於我們身上的限制，是我們在過去，自己意志決定下所犯錯誤的後果。它們看來僅像個外來的作用。但人有意志的自由，就如繫了狗繩的狗之自由一樣。狗在牽繫狗繩的範圍內，牠是完全自由的。業決定了每一個人的牽繩的長度，但在那長度範圍之內，她（他）卻是完全自由的。④

換言之，命的定數，祇是在大環境的不可變；而命的變數，卻在自己的一念之間，如擇偶的策略，條件和重點，都是我們可以自己主動掌握的。

曾有位女性向凱西詢問，四個男人中她應與誰結婚，凱西的答案就說得更清楚了：⑤

「這要看妳如何設定妳自己的理想、目標。這四個人，在過去世中均曾與妳有過關係—某些是有助於妳的，某些是有害於妳的。告訴妳說應遠離某人，或應與某人一起，會誤導妳，也會誤導別人。這選擇是妳自己該作的，要以服務的人生爲指引。當知人皆有自主的意志。」

照凱西報告的觀點，夫婦之配，應基於身、心、靈三方面。成功的婚姻如等長三腳之鼎，如有任何一者被忽略，婚姻則將如跛子。每個人在這三方面的理想、目標，至少與其配偶的不能相差太遠，不然，危險、災難即將不遠。輕率進入婚姻，忽略選擇的重要因素，無異引狼入室。

婚姻對象是人生劇本的最佳拍擋，其選擇適當與否，自然會決定婚姻的成敗。有人說：

「**選擇對象好比下賭注一般，千萬不要把籌碼下在一匹不能參加比賽的馬上。**」

理察・克萊門(Richard H. Klemer)在《婚姻及家庭關係》(Marriage and Family relationship, 1970)一書中說：⑥

「確保良好婚姻關係的最有效方法，乃是事先對於配偶選擇方面予以改進。」

這種忠告，對當今開放社會自由戀愛式的婚姻，尤其具有意義。

讓「睡美人」遇見眞王子

——物化社會中的性道德倫理

目前的青少年在欠缺道德教育，及受色情媒體刺激的雙重影響下，性氾濫與未婚生子的情況令人吃驚，也讓許多少女和整個社會付出了慘痛的代價，這顯示青少年的性教育問題，已經馬虎不得、刻不容緩。

「睡美人」是一則美妙的童話故事，當經過許多心理學家及性學家的分析解釋，竟成爲一個很富深意的寓言故事，其意義深入男女關係的微妙處，其中道理也很有啓發性。

根據心理學家的解釋，女子在無知（Innocent）的狀態下，等於是睡著的。「無知」這個英文字同時具有無邪、天眞、純潔，不知人間邪惡的意思，換句話說，也是對性無所知覺。而這個睡眠狀態必須由真心愛她的王子吻了她，才能喚醒。這裡面的寓意，當然是說「性」應該由真心愛她的男子，或準備終身為其丈夫的男子來啓發，是很合理、也很幸福的事情。①

但現代的新人類，因爲社會充斥各方面的色情資訊來源，（九八年五月電研會調查報告發現，百分之六一的青少年曾與同齡朋友收看鎖碼頻道節目）常常都等不到洞房花燭夜，就已經對性躍躍欲試，偷食禁果了。

會說話的性前衛數據

一九九八年四月，台北市議員陳雪芬發布一份針對北市高中、職學生的性行爲及性知識的調查顯示，其中有百分之九的學生承認在高中期間有性經驗。調查中也顯示，高中時期的兩性關係有近五成的學生可以接受「接吻」，有百分之十六的學生可以接受有「性關係」。②

九八年六月，台灣、香港、新加坡電腦情色網路上，出現了一個專爲女性網友免費提供「激情」的網站。（情色網站向來以男網友爲服務對象

）

網站規定，只提供女網友每人一次「服務」，女網友必須詳細填寫自己在性方面的「需求」與「習性」，網站會據此資料「訂作一個他，讓您渡過一個美好激情的夜」，這個名為「一夜情人」的網站在短短一個多月，就吸引了十二萬餘女性進站。（據警方研判，該網站極可能意圖收費招募男子與「免費女網友」發生性行為而謀利）③現代女性的性開放與性氾濫實在令人咋舌。

台灣新新人類的性氾濫，還可以從二項數據找到答案，其一是台灣省家庭計畫研究所接受衛生署委託，九七年五月完成「台灣地區不孕盛行狀況調查」，研究人員在九六年二月至五月，訪問六千六百多名在一九九〇年結婚，婚姻關係維持五年十個月的有偶婦女，調查發現在六千五百多名曾懷孕過的婦女中，第一次懷孕發生在結婚前，婚前懷孕率達百分之卅七。④

其二是，台灣十六歲至十九歲女子懷孕比率達千分之十六，是全亞洲最高。九七年十二月台北市議員李慶安與醫師公會全國聯合會，針對台灣地區婦產科醫師進行問卷調查，發現九成四醫師曾接觸過少女懷孕求診的案例，其中一百零三名醫師坦承，過去一年內曾進行少女墮胎手術。問卷結果顯示，青少女進行墮胎手術的次數驚人。在回收的兩百三十八份問卷中，有一百零三名醫師表示，過去一年內，曾經進行了一千七百七十五人次的墮胎手術，其中高中女生墮胎次數最多，共一千五百零六人次，國中女生兩百六十五人次，還有四個墮胎案例是不滿十二歲的國小女童。

問卷結果也顯示，校園內流傳已久的「九月墮胎潮」確實存在。十五至十八歲的高中女生在七至九月三個月內墮胎的比率，占全年的百分之三十八點〇五，其中又以九月最高，達全年的百分之十五點二一；十二至十五歲的國中女生，集中在暑假後墮胎的情形更明顯，七至九月的墮胎比率占全年的百分之四十三點二。⑤

未婚懷孕的心理與生理問題

未成年少女墮胎次數雖多，但性知識缺乏，也沒有任何罪惡感。九七年，美國有一位年輕的中學女生去參加一個盛大的畢業舞會，其實她早已懷孕，舞會進行到一半，她到廁所去產下了一個嬰兒，她弄死了她自己的孩子，丟在附近的垃圾桶裡，若無其事地回去跳舞。最後，當警察來逮捕她的時候，她對她所做的事情沒有什麼悔意。在她的世界中，男朋友、跳舞和享樂是唯一重要的事，至於殺掉自己的孩子，她並未感到任何的罪惡感。⑥

沒有罪惡感，的確是一個嚴重的問題，一個受過良好教育的人沒有任何的罪惡感，無論如何都會令人不可思議，也是現代許多父母的夢魘。

有一個既傷心又心痛的母親，帶著她十七歲的女兒去墮胎。她偷偷跟婦產科醫師說：

「有沒有辦法讓我的女兒手術安全，但是讓她痛一點？」

原來，十七歲的女兒對於未婚懷孕絲毫沒有羞愧、內疚或悔恨之意，也不認爲這是大不了的事件。父母百般告訴她許多性知識，也告誡她未婚懷孕的種種困境和難處，然而女兒根本不以爲意，所以母親才會要求醫生，讓女兒痛一點，嚇嚇女兒，讓她下次不敢再這樣了。⑦

對青少女而言，懷孕不只代表童年的結束；妊娠、生產也使她們有喪命的危險。據聯合國的調查，十五歲到十九歲女性死於產前及產後病症喪生的機率，是二十歲以上女性的兩倍。懷孕青少女大多死於血崩、妊娠併發症及非法墮胎。全球每三名懷孕青少女就有一人會選擇墮胎，其中許多由密醫動手術，危險性可以想見。然而撇開墮胎不說，即使她們能夠順利生產，日後其個人的學業大多無法完成，以後的事業發展，甚至婚姻的道路可能都比同年齡少女走得艱辛。「小孩生小孩」的悲劇中，小爸爸、小媽媽還面臨精神與經濟的雙重壓力，如果當事人心理沒有調適好，棄嬰、嬰兒受虐的悲劇往往難以避免，最後仍是由社會來負責善後。⑧

其次，這樣的「小媽媽」社會經濟能力較差，能提供孩子的營養及照顧都會較差；精神層次方面適應困難，是否對這名「意外」來到人間的孩子，給予細心及耐心的培養，都十分堪慮。加諸這樣廿九週的早產兒，體重往往低於一千五百公克，除了急性期的挑戰外，早產兒視網膜病變的發生率約有一八至二〇%，嚴重者會導致失明；由於肺部細胞成熟度不足，肺泡纖維化，形成慢性肺病變，發生率約一〇%；腸道血流供應不足與腸黏膜不成熟；歷經各種早產合併症後，突然降臨的壞死性腸炎；都再再威脅這個初來人間的小小生命。⑨

有鑑於此，加強青少年的性教育刻不容緩。此外，還必須教育青少女，讓她們了解婚姻生活的眞實面，並有自力更生的能力，而不是在無知的情況下，一心只想嫁人生子，日後再哀嘆、後悔。

以荷蘭及烏干達的例子來看，推行性教育非但不會鼓勵青少年男女放縱情慾，反而有助於建立正確的性態度，進而延後嘗試性經驗，也才會有安全的性行爲。

荷蘭是青少女懷孕比率最低的歐洲國家，原因就在於荷蘭有一套規畫完善的性教育，早在小學階段就開始分年級、按部就班的實施，而且性教育的範圍不只限於生理課程，研究顯示，荷蘭青少女初試雲雨情的平均年齡是一七・五歲，比英國青少女的一四歲來得低。

烏干達銷量最大的報紙《新遠見報》每月有一次以四頁的篇幅討論青少年感興趣的性問題，並在全國發行六種方言的出版品，從中提醒少女對自己的身體有自主權，不要怯於拒絕男友的求歡，以及男孩採取安全的避孕措施是尊重女伴的行爲等等。於一九九五年的調查發現，烏干達一些地區的愛滋病感染率降低，而且青少女獻出貞操的平均年齡也從一七・五歲提高到一八歲。⑩

至於在台灣地區，針對少女懷孕愈來愈普遍，師大教授晏涵文、台大教授江漢聲等性教育權威學者，抨擊國內性教育課程「等於零」，台灣十六至十九歲女子懷孕比率是全亞洲最高，官方卻無動於衷，也未設置公立未婚媽媽之家；晏涵文痛罵政府不重視避孕等生活教育課程，每次修改課程，生活教育都率先被抽走，學校教授健康教育的老師，屬專業老師的不到五分之一；教育部、市府教育局設立兩性平等教育委員會，或開闢兩性課程，都只教女性主義的那一套，真正的性教育遭排擠。⑪

可以預見的是青春期懷孕，正嚴重地衝擊著台灣社會的醫療、社會及

倫理，受害人除了產婦、嬰兒還包括社會整體！

貞潔是無價的珍寶

婚前性行為，在過去，不論西方社會和東方社會，這都不是一件該做的事，可是愈到了我們所號稱的文明社會，我們卻不再有文明理性社會應該有的絕對道德標準，似乎任何行為都可能值得同情，值得原諒。但事實上，我們應該坦白承認，對這種事情愈容忍的結果，就是在傷害更多少不更事的青少年，我們有責任也有良知的義務告訴她（他）們：這是錯誤的。

首先，從倫理的理性角度來看，「性」主要具有繁衍後代的功能，所以它是屬於婚姻倫理的親密關係，而絕不是屬於兩性倫理的友誼關係。性必須是代表了真心的疼愛，也代表了忠誠的責任，因此在沒有獲得婚姻保證與承諾之前，任何人（特別是女性）都不應該茫然順從對方要求，輕易失去了自己的貞潔。因為，不論是心理或生理上的貞操，都是我們生命中最值得珍惜的。我們一旦在兩性關係就提前獻上自己的貞操，那麼到了婚姻關係，我們還有什麼更珍貴的東西可以和長相廝守的配偶分享？如果因爲不配合對方的性要求，而對方就威脅要離去，這種對象最好趕緊離開他，因爲這種人不懂得真愛，根本不是託付終生的理想對象。而問卷顯示，女性若能堅持原則，表面上可能令男性不快，實際上，反而更能贏得對方的尊敬。

其次，從人類進化的角度來看，人類早在數百萬年以前，就已經脫離獸性，進化至人性的階段。所以人類有異於其他動物的理性思考能力，有安排計劃的能力，以及最重要的良知與道德的省覺力。祗有不肯作良知省察與實踐的人，才有可能倒退回獸性，在兩性關係中，視異性爲「性玩物」。更何況，現代生物科學已發現，整個地球生態都是以「互助」的方式，彼此互利而生存；根本沒有鬥爭的事實；而以人類本有的仁心理性，更應該在兩性倫理中，發揮互重互愛的「互助」情操，提昇自我精神層次，繼續向廣大高明的神性生命進化。所以，一個精神成熟，真正懂得「愛」的男人，絕對會幫助女朋友「守身如玉」。

再者，從現代超心理學前世催眠研究來看，舉世最權威的研究者──美國紐澤西州蒙茅斯醫學中心海倫‧溫巴契博士（Helen Wambach Ph.D），以一千人次以上的回溯催眠歸結出以下的結論：

當人們回溯前世之後發現，她（他）們在不同的時代裡，不但扮演過男人，也扮演過女人；其比例是百分之四九‧四的前世是女性，百分之五〇‧六的前世是男性，這與人類整個歷史的性別人口比例完全相符。換言之，一個人如果有一千次投胎轉世的紀錄，成爲男性的機率是五〇六次，成爲女性的機率是四九四次。⑫

這項研究顯示，人類「本體」生命在本質上，很有可能是「超性別的」。大心理學家容格曾以相當篇幅，討論每個人心靈中均有陰性與陽性，但其中之一爲較強。就如身體除了己性性器官外，也含有異性之發育未全的性器官。同樣的，人的心靈中，也有屬於異性而未開發、暫時擱置隱藏的潛能。容格經長年的臨床觀察而得到的此一心理學證據，與被譽爲人類有史以來最偉大的靈視者艾德格‧凱西（Edger cryce, 1877-1945）的靈視報告對人的起源與進化所採取之立場，甚相吻合。

依凱西的說法，所有人類的心魂都有神性且無性別，即每一靈魂之中均包含有男女兩性。當心魂陷溺於物慾時，人變成兩性人，但目前兩性的區分，只是我們進化至神性的一個階段，因為兩極的各面，陽性與陰性，均有其典型的特質。至少在人類文化裡，典型的陽性與陰性特質可作如下區分：

陽性—力量、進取性、積極、支配、粗暴。

陰性—順服、消極、溫柔、仁慈。

假設一個靈魂，在不斷生命輪轉中，頻頻地以男性出現，且高度發展其男性特質，這對他自己與人間，都是個真實的危險。納粹的理論與行為，就是一個極佳範例。納粹的超人理想，不如說它是超陽剛之氣。它強化、吹誇陽極特質的力量、強權、進取、支配、粗暴以及追求自我私利。這些特質有其地位與必要，但如未能以陰性特質的愛與自我犧牲來調和，它就變成殘暴、縱慾與自我瘋狂。⑬

換言之，陽性本身是不完整的，因此有必要以陰性美德來補足之。這種補足作用透過婚姻，將不同二性結合，因對方而修正調和。但是，光是修正仍是不夠的。一個明顯陽剛的靈魂，是無法在短短一世中靠他的配偶來調和，就可得到陰柔面的美德，反之亦然。如果不斷的轉生於男人與女人間，就可提供必需而相互糾正的機會，才能融合成完美的平衡，能自我控制，達到和神一樣光明而喜樂的存在。這也是爲什麼，自古以來，東西方聖哲皆勉人要藉兩性倫理的互動學習來做精神性靈的提昇，而切勿倒退至追求感官物慾滿足的動物獸性層次。

如果更進一層，從許多男性的處女情結來看，根據調查顯示，大部分的男人都不反對婚前性行爲，但能接受自己太太是「非處女」的比例卻很低。這種處女情結，不僅僅在生理層面而已，還包括了心理層面。

在「韓非子」一書中有一個寓言，說某男子見鄰居妻妾都美，意圖勾搭，他先向鄰居之妻調戲，卻被嚴詞拒絕。於是他轉而調戲鄰妾，妾半推半就接受了他，從此兩人私相往來，只瞞著鄰居主人。不久鄰居主人一病而亡，妻與妾都成爲寡婦。男子就是央求媒人替他作媒，想娶鄰妻。媒人問他：「你不是和那妾私相往來嗎？爲什麼不娶妾而娶妻？」男子曰：「鄰妻當日曾爲丈夫而拒絕我，她若嫁我，將來也必會爲我而拒絕別的男人。至於那妾，她既然接受我，也可能接受別人……」

這則寓言很簡單，卻犀利地說中了男人對女人雙重標準的看法。男人可以和女人私通，什麼事都做，但一旦想正正式式地結婚，還是要一個懂得貞潔的女人。因爲男人在尋花問柳到處勾搭之際，心中仍然明白，只有規規矩矩的女人，可以長相廝守。從前的男人是這樣的心思，現在的男人，也仍然是這樣的心思。⑭

當然，女人絕無必要祇是爲了男人的「處女情結」而守貞，但也絕沒有必要爲了好色男人缺乏眞愛的情慾，而白白將自己寶貴的貞操作爲祭品。

美國名演員克林伊斯威特曾說：

「我不要沒有愛的性，也不要沒有性的愛。」

愛與性必須兩者兼具，才等於快樂幸福。事實上，真實的幸福是——「愛」加婚姻的「委身與承諾」，然後再加「性」，這才是真愛。

總而言之，現代年輕人在倫理上，因缺少道德教育而愈來愈缺乏生命智慧的結果，常輕率的以「性關係」，破壞自己在兩性倫理和婚姻倫理間的分際，造成自己和社會都難以解決的問題。佛教界知名的聖嚴法師對這個問題，曾提出了他的看法：

「目前的社會相當開放，環境裡充斥著這一類的資訊，僅僅去告訴孩子不可以是沒有用的。最好是從小就教育他們正確的觀念；知道性氾濫不是一種光榮的事，也不是一種道德的事。不思考後果便發生的性行爲，是對別人不負責，對自己不負責，對家庭不負責，對社會也不負責。要負責任，便要學會約束自己。」⑮

所幸，現在已經有愈來愈多的年輕人開始願意自我反省，她(他)們都會問一個早該問的問題，我們的生活可以如此亂嗎？難道我們真的可以爲所欲爲？「只要我喜歡，有什麼不可以」，難道真的是真理？

以美國青少年為例，根據紐約時報與哥倫比亞廣播公司新聞網最近所做的調查發現，美國十幾歲的絕大多數的青少年說，她（他）們從未喝酒或抽菸、吸大麻。二十名少年中有十九人說，她（他）們信仰上帝。將近半數的青少年說，婚前性行為永遠是錯誤的。⑯

一個真正講道德有理性的社會，會非常清楚的知道，婚前性行為絕對是不能逾越的界限；因此，我們真誠的盼望，今後整個社會能透過正確的性教育，教導我們下一代都能有良好的兩性倫理觀念，使「睡美人」都能在最理想的時刻，被她們的王子、勇士、君子喚醒，使婚姻中的真愛與性帶給她們恆久的幸福。

婚姻美德倫理篇

開啟美德世界的寶藏

婚姻美德倫理簡介

婚姻之道，是大道、而非小道，此道關係人類社會的進化，和世界的安危禍福。因爲這世界是男女共有的世界，男女各佔一半。男女結合而成夫婦，纔有種族的繁衍，社會的進步。男女相愛之道，結合以道，相處以道處，世界就能安和、幸福。不以其道，則危亂叢生，禍患無窮。

易經序卦說：

「有天地然後有萬物，有萬物然後有男女，有男女然後有夫婦，有夫婦然後有父子，有父子然後有君臣」。

中華文化，最重倫理道德。所以有三綱五常的倫理教育，而夫婦居三綱之一，亦爲五常之一。根據易經說法，無夫婦，就無父子、就無君臣。那麼，三綱就不能成立。無父子，何來兄弟？五倫便去其四。僅有朋友一倫，還成甚麼世界？夫婦一倫，雖然列爲三綱五常之一，但實居三綱五常之首。這在日常道德倫理中的重要性，自然是不言可喻的了。

在西方無論希臘或希伯來，都以「人性」的原始劃分為男、女「兩性」的主要理論；同時也以「婚姻」來說明人性的「復合」。而且都觀察到「復合」後的人性，有「生」育的功能。這樣，從宇宙定位或是安排人生，這「男女」結合為「夫婦」，都是順應天道，符合人性的。男女兩性的二元劃分，不是對立的；更不是相反的；而是相互需要，相輔相成的。「異性相吸」雖在物理上是定律，在人生過程中，其實亦是如此。

生民之初，男女雖然有性的結合，但只是基於人類保種的需要自然法則而已，並沒有夫妻的名義，也沒有婚姻這回事。這種兩性關係的表現，不是一種社會現象，而只是一種自然現象。等到人類知識發展以後，男女的結合逐漸有了規範，才構成婚姻制度。

中國自周朝以來，宗法社會已成立，婚姻的目的，是以擴大家族，繁衍子孫為主，經濟的目的反居其次。而在兩性戀愛的需要方面，因講男女有別，授受不親，比較不重視。然而現代人對婚姻的期待，已不是傳宗接代，繁衍種族，也不僅是兩情相悅，也不只求經濟的安全，子女的成長，更希望從婚姻中滿足個人愛人與被愛的心理需求，與情緒的彼此支持，甚至企求透過婚姻，獲得知性與理性的成長，追求自我的理想與抱負。（劉昭仁，應用家庭倫理學）

當然，幸福美滿的婚姻，是人人夢寐以求的，然而，幸福美滿的婚姻，並不是與生俱來的，而是必須精心營造的，在我們營造幸福婚姻的過程中，有的人真的得到幸福的婚姻，可是也有些人的婚姻卻發生了問題，弄得妻離子散，家毀人亡。這其中的關鍵因素，就在於是否具有基本的美德倫理精神，如忠貞、承諾、責任、奉獻、犧牲、真愛……等。一旦缺乏了美德的情操，任何婚姻都會變成一場災難與悲劇。

總之，婚姻是一種相互的成全，彼此相互提供愛的舒適氣氛，是自我美德的延伸與開展。婚姻也是種藝術，人們渴望從其中獲得「二位一體」的契合，又不願失落「自我」的獨立。這就像在浩瀚的宇宙中，有著無數的星球，我們企望找到一個能夠互放光芒的星球，而非遮掩原有的光采。兩座恆星相互結合，相互輝映，閃亮至地老天荒的無盡歲月。

幸福婚姻方程式

——美滿快樂姻緣大揭秘

您相信嗎？夫妻是否快樂幸福的先決條件，多在於EQ與MQ的高低。而一對具有高EQ與高MQ的配偶，就能創造出所有可能的幸福婚姻方程式。

人際關係中最親密而最困難的，當屬婚姻。最好的夫妻，享有無窮無盡的幸福；最壞的兩人組合，雙方痛苦難忍，言語難以表達。其實，婚姻品質的高低，取決於夫妻兩人的EQ（情緒智商）與MQ（道德智商）的多寡。情緒智商高的配偶，懂得感受彼此的感覺，懂得體諒對方的情緒，也知道如何與對方做適時的良性互動。道德智商高的夫妻，就更上層樓。雙方對彼此都具有無條件的真誠、尊重、責任與關懷；甚至對另一半的付出，珍惜感激、竭力奉獻。

所以，儘管婚姻是人際關係中，最困難和最複雜的倫理關係，但是祇要兩人懂得培養自我的「情緒智商」和「道德智商」，那麼幸福美滿的婚姻生活，就不請自來了。

幸福方程式之一──創造對方的重要性

有一位女士在一次活動中，向朋友快樂地說：「我想請我生命中最重要的男人說幾句話……」，在熱烈的掌聲中，只見一位中年男性，含著微笑地上台，他那副滿足光榮的容顏，令人印象深刻，夫妻倆專注看著對方的眼神，正說明著：「妳（你），對我很重要！」的事實，她（他）倆正以全然的心意，投入對方的心波中，這正是以高度EQ，重視對方感受，所創造出的幸福婚姻第一道方程式。

「結婚」，是一種生活方式的選擇，既然結婚，家庭就是一個團隊，夫妻就是拍擋，雙方都重要！做主，不是太重要的事情；重要的是如何發揮團隊精神，生活中不妨多問對方：「妳（你）看要怎麼做會更好，我很需要妳（你）的意見！」或「我想聽聽妳（你）的想法，妳（你）的意見對我很重要！」

夫妻間親密關係的建立，是在創造對方的重要性，當一個人意識到自己可以使別人重要時，她（他）才會覺得自己重要！①

最近，看見報上刊登了一則「夫妻恩愛六大守則」：

一、太太絕對對不會有錯。

二、如果發現太太有錯，一定是我看錯。

三、如果我沒看錯，一定是因為我的錯，才害太太犯錯。

四、如果是太太的錯，只要她不認錯，她就沒有錯。

五、如果太太不認錯，我還堅持說她有錯，那就是我的錯。

六、總之，太太絕對不會有錯，這句話絕對不會錯。

註：以上這段話請先生一天念六次，以免犯錯。

讀完這則守則不禁令人莞爾，不知道這六條守則最原始的創作者是先生還是太太？姑且相信是一個愛太太的人寫的，用來「一日六省吾身」。

老作家琦君就常說：「一室莊嚴妻是佛，六時經濟米鹽茶。」舊時代詩人體諒妻子，感謝她一天十二個小時爲柴米油鹽張羅，乃把她當佛一般尊敬，那一點尊重的心，就是家庭和樂的基礎。

也曾經聽過一位先生說，他有兩條規矩，一直貼在書房裡：「一、太太永遠是對的。二、如果覺得太太錯了，請回去看第一天。」夫妻也就相安無事，和上面的守則有異曲同工之妙。②

總相信，「你，對我很重要！」的這種感覺，即使夫妻對彼此表示一千遍、一萬遍，永遠都不嫌多！

幸福方程式之二－互相珍惜

曾經在電視上，看過慈濟會員訪視一個居住在士林山區，七十多歲的老榮民，跟一個三十多歲、弱智的太太一起生活。簡陋的矮房子、零亂的家具，跡近於家徒四壁的物質條件，可說是處於社會最底層的平凡百姓。但是夫妻兩人彼此不嫌棄、不背叛的真情，卻令人聞之感動不已。

由於太太的弱智，舉凡生活上的一切，諸如煮飯、做菜、洗衣、掃地等等，竟沒有一件是太太可以獨力完成的。就連洗澡也要老兵幫忙，否則就算身上發出怪味了，也沒感覺。

然而，當慈濟會員問老榮民，是否覺得被拖累了，想不想另尋他途以謀求更舒服的生活時，老兵回答：

「她都不嫌我老了，我怎能嫌她笨呢？好幾次我跟她說，妳可以去嫁比我年輕的人哦！她總說：『不要！年輕的會賭博、會打我，還是你對我最好。』『她是老袍澤的女兒，十幾年前老友在世時把她交託給我，要我好好照顧她，一毛錢也沒要。我看別人啊，要娶老婆可都要付出一筆為數不少的聘金哩，我怎能背叛老友的託付呢？』」

「不嫌棄、不背叛」，簡單的言語，卻道出了多少就連上流社會的紳士淑女也常無法做到的真情意。

「互相珍惜」正是當今多情男女逐漸淡忘的寶貴情操，卻在社會最底層的平凡百姓身上，散發令人難以忘懷的深情光環。③

九二年因油罐車爆炸導致全身燒傷八五％的邱建源，在生命垂危之際，幸得自美籍少年克里斯多福捐出的皮膚移植才得以重生，在他最低潮的人生谷底中，女友麥秋蘭無怨無悔地付出，兩人相扶相持一同走過艱辛的日子；九八年元月，在新竹峨眉鄉中興村邱建源的老家舉行婚禮，現場不僅到了雙方大批親友，給予這對新人最深的祝福，也請到了當時邱建源的主治醫師陳天牧出席當證婚人，器官捐贈會終身義工陳淑麗等人都前往祝賀。

邱建源談起新婚的太太，充滿感激：

「**即使連我都要放棄自己時，她依舊不放棄地站在我身旁不斷給我鼓勵給我力量，陪我度過生命中最難熬的時刻，我的生命可以說是她再造的。**」

回想起過去的種種，麥秋蘭則是難忍傷心的情緒數度哽咽地說，當時邱建源的全身根本已無皮膚，每天還得換藥，她知道那種痛是錐心刺骨的，但他卻始終不曾皺過一下眉頭，更別說喊疼，讓她好心疼，忍不住都哭了，寧可替他受苦，不過他卻反過來安慰她說：「一點都不疼，真的！」

從那時開始，她便更確信，他是個值得託付終身的人。④

他們這一對「浴火」鴛鴦的愛情佳話，之所以令人羨煞，是因爲兩人的婚姻，已經兼含了EQ的相互珍惜，與MQ的犧牲奉獻。所以通過了重重考驗，堅貞的情意因此得以成長，使大家情不自禁的衷心祝福他們。

幸福方程式之三——和她（他）一起圓夢

一個好的婚姻應該是雙方都有足夠的自由來成長，和追求個人生命中的目標。但是同時夫妻雙方也應該發展一些共同的目標。婚姻協調專家M. Lasswell 和 T. Lasswell 從他們多年的諮商經驗中，得到一個結論：

「夫妻中缺乏共同追求的目標，是婚姻危險的一個信號。」

如果夫妻二人各爲自己的前途忙碌，追求各自的升遷、加薪、成功。彼此之間互不相干，或者競爭比賽，沒有一個共同追求的目標，婚姻就失去了它的意義。許多的研究都發現，爲了達到共同的目標而團結合作的組員，對彼此的喜歡程度都比較高。⑤

有一對夫妻都是公教人員，妻子患有腳部關節炎的毛病，不宜爬樓梯、提重物，因此，平日買菜，提著「菜藍車」爬上三樓公寓住處，就是一大困擾。而丈夫心臟也不好。所以，都希望有一天能買有電梯的大廈。但兩人收入有限，要圓此「夢」談何容易？於是，盡量節省不必要的開支！如不看電影、不進館子、少逛街買東西、少出國旅遊等……。結婚紀念日、生日、情人節「低調」處理，只有一張卡片。而娛樂活動以桌球、看免費的展覽，或參加文化中心主辦的活動爲主。在理財方面，則選擇參加穩當可靠的互助會。如此省吃儉用，持續十餘年，夫妻終於搬進一棟視野絕佳的大廈。而且，上下樓梯有電梯代步，太太再也不爲買菜爬樓梯煩惱了。

晚飯後，夫妻倆並肩漫步社區步道上，仰望星辰，回首過去一起奮鬥的日子，內心充滿著滿足感，這一個共同努力築成的安樂窩，不正是象徵彼此之間的愛嗎？⑥

幸福方程式之四——讚美而不批評

在美國的倫諾城，法院每週開庭六天，平均每十分鐘就判決一椿離婚案。但是有多少的婚姻是真正觸到悲劇的礁石？其實，很少。如果我們能每天坐在倫諾法院裏，靜聽那些怨偶的供詞，就可以明白愛情是「失掉在一些小事上。」

美國研究婚姻的權威狄克斯女士宣稱，有百分之五十以上的婚姻，都不幸福；爲什麼許多甜蜜的美夢，會在結婚以後全部觸礁呢？她知道有一個原因，就是因爲批評。所以，如果要保持家庭生活美滿，最好記住這個規則：

「不要批評。」

至於婚姻要獲得幸福最好的催化劑，狄克斯女士認爲是「讚美」，她說：⑦

「每個男人都知道，他可以使他的妻子做任何事而不須任何報酬。他知道假如他給妻子幾句簡單的恭維，說她如何會管家，如何幫他的忙，她一定愈加節省。每個男人都曉得，如果他告訴妻子，她穿著去年的衣服是如何的美麗可愛，她一定不想要買最時髦的巴黎進口服裝了。但每個做妻子的，永遠不知道應該狂愛他還是應該討厭他，因爲他寧肯與她爭吵以後，耗費自己的錢，爲她買新衣服、汽車、珠寶，也不願奉承她一點，或滿足她的渴望。」

中國著名詩人白居易寫過一首有名的「贈內詩」，詩中將自己對妻子的敬愛與讚美表露無遺：⑧

「生爲同室親，死爲同穴塵。他人尙相勉，而況我與君。黔婁固寒士，妻賢忘其貧。冀缺一農夫，妻敬儼如賓。陶潛不營生，翟氏自爨薪。梁鴻不肯仕，孟光甘布裙。君雖不讀書，此事耳亦聞。至使千載後，傳是何如人？人生未死間，不能忘其身。所須者飲食，不過飽與溫。蔬食足充飢，何必膏粱珍。繒絮足禦寒，何必錦繡文。君家有遺訓，清白傳子孫。我亦苦貧士，與君新結婚。庶得貧與素，偕老同欣欣」

夫妻之間，如果能在婚後共同生活中，經常不忘讚美對方，就能讓彼此體會夫妻之愛的一種真實而親切的意義。因爲讚美是一種奇特的力量，它可以產生克服困難和創造新生活、新生命的勇氣，更是向共同前程奮鬥的源泉。由夫婦間讚美而生互愛、互敬、互諒、互信、互助之心。上以愛親成孝，下以愛子成慈，而成爲愛的家庭，其樂無窮。

有一個女孩在端午節當天，吃媽媽包的粽子的時候，突然停了一下，想想，說：「媽，您跟爸爸這麼相愛，會不會有一天，不再相愛了？」

做媽媽的，突然領悟到婚姻是一有機體，具有多面性，夫妻要生理、心理、社會多方面都健全，才擁有真正的幸福，這和粽子是很像的，所以她回答說：⑨

「寶貝女兒，爸媽不敢保證會永遠相愛，但是，我們都在學習做好這件事情，婚姻像粽子一般，要有好吃的餡、香QQ的米食，漂亮的粽型，如此，粽子才會吸引人，讓人愛吃，吃出活力！」

的確，一個幸福美滿的婚姻，確實需要有許多的條件，特別是包含了前述的EQ與MQ的各種幸福方程式，來做爲基本的要件。

對於許多真正想要追求幸福婚姻的朋友，以下的一段話，應該是最好的智慧箴言：

——想要伴侶，先要把自己變成別人想要的伴侶。想要朋友，必須對別人友善。想要有愛，必先給人愛。先涵養自己的內在，以值得別人要妳（你），那麼寂寞的人，很快就會實現愛的快樂結果。

美滿婚姻食譜

——幸福夫妻的關鍵要素

美滿婚姻如果是一道可口美味的食譜，那麼這道精緻食譜中的「材料」和「佐料」無疑是最重要的，它們究竟是什麼?本文將為您說明。

從婚姻來說，愛情是夫妻心靈的交會，感情的昇華，精神的慰藉；祇要能透過真誠的關懷，透徹的了解，及莊嚴的責任等適當態度與具體行動，就能做到增進配偶精神成長、創造彼此美滿生活的理想目標。

常見有些電影或小說廣告詞寫著「世上最美麗動人的愛情故事」，但是真正美麗的愛情故事，可能永遠也不會搬上銀幕。真正把配偶視若拱璧的人，絕對不會把兩人之間甜蜜生活的一切細節、彼此深摯的愛，說給任何外人聽。這樣做，無異是把最親密、最隱私、最美好的關係，變成大家談論的題材。因此，真愛是最美麗的，但也是最隱密的。

不過，任何一個令人羨慕的真愛，並不是從天上掉下來的。根據美國婚姻專家大衛、梅斯(David Mace)長達二十多年的婚姻觀察，真正屬於「天作之合型」的夫妻，大約只佔三％，「前世冤業型」的夫妻，也不過五％或六％。九〇％以上的夫妻關係，都必須經由不斷的調適和學習，來維持婚姻生活的甜蜜，鞏固彼此的感情。①

《人生光明面》一書的作者皮爾夫婦的婚姻，一向為人所稱道，然而皮爾夫人在《為妻的心路歷程》一書中說：②

「婚姻並不是天作之合，更不是天生美眷，我們的幸福婚姻，是靠雙方努力經營而得來的。」

筆者相信如果婚姻經營的成功，婚姻確有可能是一道百食不厭的精緻美食；祇不過我們必須要先找到製作這道精美料理的作料和食譜。

婚姻美食與材料

曾有人爲如何烘焙出一份快樂的姻緣，提出過以下的一份食譜：③

一杯愛心

一杯愛情

一桶歡笑

二杯忠心

二湯匙溫柔

三杯諒解

四夸脫信心

五湯匙希望

這道可口的婚姻美食，它的作法是把「愛心」和「忠心」與「希望」攪和均勻，倒進「溫柔」、「信心」與「諒解」。再加入「愛情」、「希望」，撒下大量「歡笑」，然後與「陽光」一起烘焙。這道美食若能每天食用，保證夫妻愛情增長，身心健康，幸福無窮。

而在美國，一項針對婚齡二十五至四十四年的夫婦所做的調查顯示，

美滿婚姻這套食譜應有十大基本材料：④

一、互信、互諒、互重、互愛。

二、對婚姻有強烈的責任感，包括對配偶忠實。

三、具有良好的溝通能力。婚姻美滿的夫妻與一般夫婦一樣也會有爭執，但她（他）們總能技巧的設法協調。

四、不沈湎於過去，或老提會刺痛對方的往事。

五、背景相當，培養共同嗜好。

六、欣賞對方優點，包容缺點。

七、對生命的意義具有共同信念，這通常包含宗教成分。

八、尊重對方爲獨立個體，給予相當的活動空間。

九、關愛子女。不過，調查中發現，婚姻極美滿的夫婦，能白頭偕老的首要因素不是子女，而是因爲她（他）們彼此深愛對方，希望長相廝守。

十、當「空巢期」來臨時，攜手積極參與多種活動，不在家中自怨自艾。

由此可見，婚姻幸福食譜，確是有竅門可尋的。而且它也是所有夫妻必須一輩子研究實驗的功課。

有一次在報紙上，看見報導台北某社區的一則「土地公、土地婆的故事」。原來有對夫妻在一起退休後，同心合力投入社區工作，兩人接觸各式的廟宇、教會、法人團體、圖書館、店面等，發掘社區的各項資源，結合它們爲社區人士所用；發現孤獨的老人，帶動她（他）參與社區活動，認識各項專長的人，使她（他）們也能參與社區工作。而社區裡的人，只要見到這對鶼鰈情深的老夫妻，總是又羨慕、又誇讚，說她（他）們是恩愛、幸福的一對。因此爲她（他）們取了「土地公」、「土地婆」的雅號。

「土地公」對於夫妻倆能併肩在社區爲大眾服務，十分的滿足，他表示：⑤

「夫妻倆建立完全的信任、尊重與共識，使我們能全力投入社區工作

。我們知福、惜福，也樂於造福。我們這對土地公、土地婆，努力付出，帶動社區，願人人都能如我們倆一樣的美滿幸福。」

這對走過了幾十年婚姻路的夫妻，到了退休年齡仍能互信、互重、互愛、互惜，一起努力為社區服務，這其中，訴說了多少幸福婚姻食譜的秘訣與功夫。

知名記者李艷秋小姐，有一次接受訪問，也提到先生李濤對待她的體貼相處。譬如李艷秋偶爾身上有點病痛，她討厭看醫師，但李濤知道她的問題，班上了一半，他替她掛好號，找好醫師：「下午就回到家裡來押人。」李濤疼愛李艷秋的程度，雖然像父親，李艷秋形容，「更多時間像知心的朋友，不特別覺得是男性或女性，感覺上我們都很中性。」

在相互對待上，對於李濤磨練出成熟之後的相處模式，李艷秋回應明確：

「什麼時候貼他的心，什麼時候給他空間，讓他獨處，什麼時候該離開，他都講得清楚，我都接受。」

在談到夫妻一路走來的這段歲月，心裡的感受，李艷秋說：「當妳選擇他，他是現狀中最合適妳的人。」一李艷秋以過來人的口吻珍惜感恩、卻又理性清晰：⑥

「感謝他的過去，因爲挫敗吸取到經驗。妳是唯一的優勝者，是唯一要和他共度未來的人，感謝老天把這麼好的人留給妳。」

一對夫妻能夠彼此疼惜，恩愛恆久；其實，都是婚姻食譜中的大廚師，她（他）們經過多年的磨鍊與學習，早已深諳這道精緻大菜的箇中三昧，想不好吃，不耐吃都很困難了。

美滿婚姻的佐料

幸福婚姻食譜，「材料」雖然非常重要，不過決定它是否真正美味的卻是「佐料」，而美滿婚姻食譜的佐料就是「溝通」。

統計顯示，在標榜「不爽即一刀兩斷」的現今美國社會，十個新的婚姻關係中，會有四個以離婚收場。有鑑於此，一群由學術界、民間團體、神職人員發起的「婚姻運動」，決意透過提供婚前教育、法律約束，以及教堂輔導等多重管道，使立下婚約的X世代，不輕言毀約。

「婚姻運動」的研究人員指出，婚姻美滿與否，與雙方是否常意見相左並無絕對關係；倒是與雙方處理歧異的技巧有關，因此教導夫妻如何處理負面情感，非常重要。

丹佛大學編撰「兩性關係強化」課程的教授說：⑦

「男人不喜歡爭鬥，經常他們選擇最壞的一招：一走了之，因此男人最需要被授以溝通的規則。」

「美滿婚姻協會」(Association of Conples for Marriage Enrich-ment 簡稱ACME)台灣分會的前主任張資寧先生，根據自己的婚姻經驗，以及身為教會牧師所接觸到的婚姻問題，指出溝通不良是婚姻問題的癥結所在。他說：⑧

「導致婚姻關係破裂的因素有很多種，例如性關係不滿足、金錢處理不當或子女管教態度不一致等等，其實這些都是結果而不是真正的原因，因為雙方關係不良，才導致那樣的結果。而關係過程良好就得靠溝通，所

以溝通不良，其實是導致婚姻問題的元凶。」

美國「美滿婚姻協會」的創始人大衛、梅斯(David Mace)也說：「沒有不良的婚姻，只有不良的溝通。」⑨夫妻的衝突並不表示婚姻失敗，事實上，它正是婚姻潛能得以發揮之處。良好的溝通，是婚姻潛能得以成長的決定性因素。夫妻若能學習有效溝通，將可避免衝突，化解婚姻危機，增進婚姻幸福。

通常許多不幸的婚姻，大多都建立在錯誤的溝通對話腳本上，例如：⑩

一、使用絕對的字眼，誇大事實本身。

—你「永遠」不能改過的。

—你「每次」晚歸都懶的打電話回家。

—你「絕對」不會幫忙打掃房間的。

—我就知道，妳「一定」會把事情搞糟的。

—妳「都」把外人看的比我重要。

二、過多挑剔，專挑對方的缺點數落。

丈夫偶爾晚歸，可能在回家路上早已有了愧疚之心，但一回到家，太太因等了一夜，心中積怨已深，一看到丈夫就忍不住大罵一頓。丈夫本想道歉，這樣一來不免因「自我防衛」，而和太太吵一頓。

三、批評對方的「祖宗八代」。

—你果然是你媽的兒子。

—我就知道，妳爸爸從小沒管好妳。

這種對話的內容與模式，基本上，不但沒有減少誤會、衝突、紛爭和化解敵意；更有可能會產生猜疑、挫折和惡劣情緒。

王連生教授以為，最良好的夫妻溝通境界，應該做到以下十二項重要原則：⑪

一、相互適應，找出最適合自己的模式，千萬不要和別家比。

二、中斷依賴，建立自己的家庭，不必讓上一代介入生活。

三、完全接受，避免愛之深、責之切，尤其不應要求對方完美。

四、體貼對方，常懷感激讚美之心，不要將對方的努力視爲理所當然。
五、美麗迷人，永遠爲悅己者容，特別是職業婦女，切忌「回家像糟糠，外出美又嬌」。
六、學習溝通，確保婚姻成功。
七、維持自我，不要成爲彼此的負擔，女性特別應培養自己的態度、價值及興趣，有自己的朋友，才不會覺得爲家犧牲過多。
八、一起成長，永爲最佳拍檔。
九、興趣相同，發展互補的需求，使彼此的付出及得到，可密切配合。
十、除了有個人目標，更要設立共同目標，如有假期、購屋、事業。
十一、支配時間，找出共有的時光。
十二、解決衝突，減少破壞性，如果爭吵，千萬不要說狠話、想贏對方、翻舊帳、擴大事態或打架。

曾有人以爲，理想的婚姻關係，是夫妻兩個半周所合成的一個圓。所以我們常以「花好月圓」來祝福新婚的夫妻；事實上，夫婦的人格不同，很難合成一個天衣無縫的圓。而且人格在變，環境在變；如果不作動態的調適，以求發展步調一致，不僅裂縫擴大，而且可能南轅北轍，背道而馳，趨於破碎。⑫因此，幸福婚姻食譜的最佳佐料，乃在夫妻二人懂得良好的溝通，而經由溝通的良性互動與了解，能堅定意志去愛對方，去克服一切婚姻成長的障礙，努力開拓幸福的新境界，發掘彼此的潛能，讓婚姻一起成長、茁壯。

總之，不論男人或女人，其一生最大的成功，應該是能烘焙出美滿婚姻的精緻美食。任何學業和事業的成功，都無法比美幸福婚姻這道大餐的無窮美味。不過要記住，幸福美滿的婚姻料理，是靠最卓越的食譜和最完美的佐料，搭配出來的。在婚姻的美食裡，如果不經常下細緻的功夫，是無法釋放出幸福香味的。

在婚姻中全心熱戀

——夫妻之間的眞愛與熱愛

最幸福的人是——不論婚前、婚後都與配偶全心熱戀。如果您不知道如何在婚姻中戀愛，本文的許多建議，也許有助於開啓您那顆「曾熱戀的心」。

近年來，台灣的離婚率節節高升，離婚在家事法庭，更幾乎成了「主打」訴訟。許多在「法庭上見」的夫妻，不但形同陌路，有些還視同讎敵。風度佳者各據一方，誰也不看誰；草根性重者，則惡言相向甚或見面先抓對方的頭髮洩恨；再若無其事進法庭也有之。讓人不禁要問，是什麼樣的錯誤與迷失，會讓當年披著婚紗，甜甜蜜蜜進禮堂的相愛之人，一路走下來，居然走入「法庭見」這條不歸路？

曾有人問過法庭上的通譯小姐：

「妳每天都在看這類的故事上演，對妳的人生觀有何影響？」

她說：

「除了凡事看得很開之外，就是珍惜現在（婚姻）所擁有的一切。」

①

婚姻是家庭的基礎，家庭則是社會國家的根本；因此一個人無論如何，在婚姻的路上，都必須以充沛豐盛的愛，去對待配偶及與配偶相處。這不但極具重要性，並且與我們個人的幸福成功關係密切。

婚姻需要忠貞與責任之愛

美國當代人道主義的心理分析學家佛洛姆(E. Fromm)說：②

「愛是一種態度，一種品格的指南，它是一種主動的活動，在保持自己的個性與完整的條件下，帶著關懷、責任、尊重與了解的態度，以專注、耐性、無上關心和規律的行動，與別人進行良好人際關係的共生結合。」

他認爲成熟的愛有四個基本要素：一、主動關懷所愛的人和其成長。二、對所愛的人生理與心理需求的責任感。三、尊敬所愛的人，視其爲獨立而有尊嚴的個體。四、瞭解自己、對方以及愛情的本質。

夫妻之愛的首要條件，就是對配偶全心全意、「盲目」地忠貞。筆者相信忠貞可以帶來快樂、安全、心靈的平靜。筆者和內人深信，如果我們對彼此的忠貞有絲毫懷疑，婚姻生活一定非常可悲。

曾有一位男性說：③

「我發現，如果我用追求其他女人的體貼、細心、甜言蜜語去追求內人，在家裏就可以擁有幸福、快樂了。世上最可貴的事，就是擁有一個只屬於你自己的人——讓你愛她、信任她、尊敬她。」

各方研究也發現：嚴守一夫一妻原則的夫婦，生理、情緒，以及性滿足感，皆遠較婚外情者或同居者高。④

其次，愛必須實現對配偶不棄不離、禍福與共的承諾與責任。

一九九八年九月廿六日，台北地區由民間企業設立的崇賢文教基金會，舉辦第一屆「慈暉獎」頒獎，共有十八人分別獲得「親情」、「孝行」、「夫妻」、「兄弟」等獎項，大部分都是苦情家庭，家有重病親人，但不背不離，辛勤照顧而獲獎。

會場中最引人矚目的，是已兩度中風的李永林，雖然全身癱瘓只剩左手能動，但仍坐著輪椅、圍著毛巾圍兜到會場，看妻子許儷芸獲獎。

獲獎時，夫妻兩人都激動地哭了起來，許儷芸說，丈夫說才四十二歲就癱瘓了，但她絕對不會放棄他，「不會讓他一個人孤孤單單的」，她守著檳榔攤維持生計，照顧三個還在上學的子女，不時就回家看望一下先生。喪失說話能力的李永林在旁邊已經嚎哭起來，用能動的左手比著大拇指，感謝他的太太。

崇賢文教基金會說，慈暉獎的得獎人，都有令人同情的故事，有人重病纏身、臥病不起，或是人生絕望，但家庭的親情能讓人重獲生機，這樣的慈暉大愛值得發揚，是功利現實社會裡引人深思的模範。⑤

真正成熟的愛，是一種能將自己伸展出去，與他人密切相連的心理作用，包含照顧他人、承擔責任、尊重對方、同情理解四個元素。愛是需要學習的情感，是一種主動的歷程，只有個人經由實踐，才能培養出來的特性；要主動實踐愛的行為，愛才會主動的降臨。⑥所以有人說，懂得去愛的人最幸福，因為她（他）不但能令別人幸福，最重要的是，她（他）讓自己的愛逐漸成熟滋長，最後終能永遠活在愛的滿足和喜悅裡。

婚姻需要語言與行動之愛

許多夫婦在結婚典禮上，信誓旦旦地表示永愛不渝，但往往過不了多久就恨不得置對方於死地。筆者相信大多數人，原本都真心真意地愛著對方，可惜愛像花木一樣，不去灌溉而令其枯萎。名心理學家喬治・柯藍說，愛需要語言及行動的滋潤。⑦換言之，愛就像銀器一樣，每天擦拭才會發出亮麗的光澤。至於要拿那些東西來擦拭呢？答案就是語言與行動。

《紐約時報》曾以「在太太心中，對丈夫最大抱怨是什麼？」以及「由丈夫觀點來看，對太太最大的不滿是什麼？」兩個題目，徵求讀者的意見，結果由來信中統計出的答案是：太太的最大抱怨是——我的丈夫對我既不重視、又不感激。丈夫的最大不滿是—我的太太對我嘮嘮叨叨，絮聒不休。⑧在我國，夫妻不能彼此讚賞感激，那就更有過之而無不及了，由自古以來太太被丈夫稱爲「賤內」、「拙荊」、「糟糠之妻」可知。

卡內基曾說：⑨

「人有一種燃燒的渴望—渴望得到真誠的讚美與感謝。」

Secord P. E.和 Backman C. W.二氏，根據社會交換理論解釋人類的愛情時，指出異性之間經常互相讚美和鼓勵，是提昇親密感的必要因素。⑩

有人曾在電影雜誌上，看見一段電影明星埃迪康特的訪問記。

「我得力於我太太的地方，」埃迪康特說：⑪

「多於世上其他任何人。兒童時代，她就是我的好同伴；她幫助我勇往直前。結婚以後，她節省每一塊錢，投資再投資，她爲我積下了財產。我們有五個可愛的孩子，她永遠爲我造了一個美滿的家庭。如果我有點成就的話，這完全是她的功勞」。

在好萊塢，影視圈中，有少數幾對著名的美滿伴侶，華納伯士達夫婦就是其中一對。伯士達太太曾是一位當紅的女星勃萊遜女士，她因爲結婚而放棄了燦爛的舞臺生活。然而，她的犧牲絕沒有損害到她（他）們的快樂。「她失掉了舞臺上受人的鼓掌和讚揚，」華納伯士達說：⑫

「但是，我卻使她感到我隨時在讚揚她。假如做妻子的想在丈夫身上找到快樂，她可以在他的欣賞和熱愛中得到。假如那種欣賞和熱愛是眞誠的，那也是他的快樂所在。」

很多人在婚前或婚姻外的人際關係中，總能毫不吝惜的讚美別人，唯獨對婚姻伴侶卻難得說出一句好話。這或許是疏忽，或許覺得不必要。尤其是傳統中的中國式夫妻，往往如此，這是十分錯誤的觀念。在夫妻之間，讚美是一種非常有效的「熱媒」，它的確能使兩人的情感昇華到最高點。

其次，真正的愛情，並不是像電視節目中的一見鍾情，好像突然間發生的，因爲「我們一見鍾情」其意其實是說：對方和她（他）心中的理想對象恰好符合。不管有沒有察覺出來，我們大部分人在心裡面都會塑造這些理想對象。因此，當我們發現某個人的外貌、舉止和言談，和我們所想像的這個人一樣時，我們就被「吸引」住了。但這祇能說是一個好的開始，而接下來的幾十年婚姻生活中，如何讓「吸引」成爲真愛，必須要依賴行動。

不論是懂得在婚姻中不斷戀愛的夫妻，或是一些夫妻在感情陷入僵局之後；有道德責任感的彼此，爲了挽救面臨危機的婚姻，就會在責任心的驅使之下，重新開始追求對方。不管那一種情況，具體表達愛意的行動。只要能經常、堅定、持久，婚姻就會越來越美好，不如意的事越來越少。

威廉・詹姆斯說得好：

「不是因爲快樂才唱歌，而是因爲唱歌才快樂。」他認爲行動上的表現，可以加強精神上的接納。卡內基說：「積極行動，就會行動積極。」

⑬這也就是說，妳(你)的行動表現，如果仍像在戀愛一樣，那麼就會發現自己，竟擁有一個始終在熱戀的婚姻。

有位妻子在百貨公司，十分中意一件因價格昂貴，買不下手的套裝，她常念著：「等打折再買，希望沒被買走。」想不到，有天當她打開衣櫃時，那件衣裳竟在眼前！

丈夫經常回憶高中時代的幾個哥兒們，念念不忘。有個周末，家裡門鈴突然響個不停，幾個十多年未見的死黨赫然出現！⑭

當自己的願望，在毫無預警的情況下實現了，欣喜自不在話下，配偶費心爲彼此積極安排的一段「驚喜時刻」，那種感激和感動更是深刻、難忘！這種伴侶即使數十年的婚姻，也能處處開放新鮮、芬芳的花朵。

美國兩性專家金克拉(Zig ziglar)認爲，夫妻想建立快樂婚姻，最少在婚後必須展現以下的十項積極戀愛行動：⑮

一、記住自己婚前的一舉一動！記住自己總是表現出最好的一面，總是那麼體貼入微、彬彬有禮！然後持續它，這是使婚姻穩如磐石最好的方法。

二、每天早、晚別忘了向配偶表達愛意。白天不妨也抽出三分鐘空檔，打電話傳遞對彼此的關切。偶爾還可以寫一封「情書」給對方，這可是「小投資大收穫」喔！

三、偶爾送給配偶一張卡片或禮物，給她（他）一份驚喜。可貴的不是禮物，而是那份心思。

四、共享一些美好的時光。回想一下婚前的美好時光，重溫舊夢。偶爾一起散步或關掉電視談談心，把對方當做自己生命中最重要的人—事實也的確如此。

五、做個好聽眾，仔細聽聽配偶一天生活的細節。剛開始，可能會覺得那是一種責任，久而久之會油然出自愛心，甚至覺得即使是瑣事也趣味十足呢！

六、不要讓配偶和孩子，為了爭取自己的注意弄得不愉快，要特別保留一段專門屬於她（他）的時間。

七、記住，不同的意見是對事不對人，睡覺之前就要把問題解決，不要把怒氣留到第二天，否則歧見會鑽進潛意識，使問題一而再、再而三地困擾自己。

八、記住，爲了取悅或了解配偶，必須經常讓自己委屈一點，也許這滋味有些不好受，但卻可以因此使婚姻不致發生危機。

九、要以「恩慈相待，存憐憫的心，彼此寬恕」做爲日常指南。

十、萬一發生無法避免的爭執，誰先「讓步」並不重要，但卻代表自己更成熟、更愛對方。

筆者相信，只要我們肯盡力讓配偶快樂，自己也必定受益無窮，人常說：

「只要盡力幫助許多人得到她（他）們想要的東西，就能得到妳（你）想要的一切。」

夫妻之間尤其如此。試試看，妳（你）一定會非常喜歡。只要肯努力嘗試，自己就有資格踏上成功婚姻的階梯，因爲妳（你）能使生命最重要的人真正快樂。

美國心理學家史登柏，研究十八歲到七十歲中，五十個有過愛情經驗的男女，結果認為一個完全、無上的愛，包括三個因素，即親密、激情、許諾，同時這三個要素等質的分配，才能形成一個完全的愛。⑰

從上述觀點，我們可以得到愛的正確理念：愛就是完全尊重、主動關心、了解和責任。真正懂愛的人會知道，愛情不是高明的騙局，而是高明的感情藝術。愛情是彼此的奉獻（付出），而不是完全的佔有。Sullivan說：⑯

「愛是將對方的需要和成長，看得和自己的需要及成長一樣重要。」

總而言之，佳偶本非前定，怨偶也絕非孽緣，夫妻本來是因愛才結合的「最佳二人組」。因此理性站在相愛的基礎上，讓真愛繼續成長。雖然在成長過程中，困難的時候比順利的時間多；付出比收穫多；限制比自由更多；面對的問題比快樂多；但是，祇要想著我們對愛的忠貞、責任、言語和行動，就必定能讓婚姻長長久久，幸福美滿，永遠處在熱戀之中。

讓彼此感覺被愛

——親密婚姻的同理心

婚姻幸福與痛苦的關鍵，在於能否用心疼惜配偶與經營婚姻，感覺被愛的愈多，「幸福」與「性福」的滿足感，自然也就愈高。

九八年上半年，台灣先後有兩位知名的女性，宣布將以離婚結束自己原本憧憬不已的婚姻生活。一是在三月份，以處理兩岸婚姻問題聞名，並先後成立愛情版圖工作室、大姊姊熱線等婦女申訴、輔導組織，且爲外界視爲「女強人」的邱彰小姐，以「婚姻受害人」的身分，出面指控前夫是婚前與婚後判若兩人的「愛情騙子」。①

一個在六月份，曾在九七年十月舉行「伊甸園裸體婚禮」的「夏娃」

許曉丹，日前被「亞當」吳榮昌報警協尋後，特別舉行記者會，聲淚俱下發布「伊甸園婚禮完結篇」，控訴被吳榮昌暴力侵害及性虐待，她將要求警方保護，並向法院訴請離婚。吳榮昌則表示，「亞當與夏娃」不會離婚，他否認對許曉丹有不當行為。②

夫妻關係是所有人際關係中最親密的。夫妻一旦結婚，就要朝夕相處、同甘共苦。而就因為婚姻關係最為親密，彼此反而容易產生意見不合與摩擦。所以，結了婚並不代表永遠幸福，婚姻的幸福與否，完全看夫妻是否用心去經營。更何況社會的不斷變遷，婚姻型態也不斷改變，夫妻在面臨婚姻的同時；雙方對婚姻更需要有一個新的認識，並對夫妻所扮演的角色有新的認同。張春興教授就指出，「婚姻適應」是夫妻雙方，為了建立良好之婚姻關係，針對自己的行為、態度、價值觀與互動方式，所採取調整與改變的過程。不同的婚姻階段，均有特殊的難題要克服，夫妻必須時時不斷去適應，才能化解危機的發生。

張教授也曾提出婚姻適應的六項原則：一、夫妻分享生活經驗、興趣

與價值觀；二、夫妻相互尊重對方個人的需求與目標，並忍讓對方的性格和脾氣；三、夫妻間保持開放的溝通管道，並能彼此坦然表露自己的情感；四、夫妻各自認清自己的角色和責任；五、夫妻雙方合作共同協議解決困難；六、夫妻雙方彼此爲對方設想，共同保持性生活的滿足。③

傳統的婚姻功能已逐漸式微，婚姻關係也必須重新定位。婚姻一直是需要學習的；如果婚姻關係不能隨著時代的腳步而有所調整，那麼想要擁有幸福美滿的婚姻生活，是非常困難的。因此筆者覺得以下的問題是很值得提出來談的。

多為配偶和家人設想

有位從商的張先生，有一天由於業務繁忙，忘了已經答應太太要回家共度結婚紀念日，等到和同事吃過消夜再去PUB喝完酒後，已經十二點了。一進門，看到桌上絲毫未動的六菜一湯和一瓶酒，心想，糟了⋯⋯。

強忍住怒氣的太太，勉強擠出一點笑容問他：「吃飯了沒？」他尷尬地答：「吃過了！」太太二話不說，就把菜拿起來往垃圾桶倒，心知理虧的他，雖然一再向太太道歉，但接下來仍免不了又是一場爭吵。之後，他們的感情降到了冰點，同在一個屋簷下，就像兩個陌生人般視而不見。④這就是現代家庭，每天都在上演的故事。

兩個相愛至深、朝夕相處的人，因一個無心的過錯冷戰數日，也許並不是件壞事；可讓彼此冷靜思考原因何在。但就怕一時的衝動，就此翻臉、分手，付出的代價就太高了。

其實，夫妻雙方這時如果懂得從對方立場著想，甚至想得更遠一點，這場冷戰的災難，可能就根本不會發生了。

記得有位小學要好的同學，有次到筆者家裡來；一聊之下，才發現他因為和太太吵架，已經離家半個月，住在親戚家裡。我問他原因，知道兩人是為了孩子的問題大吵了一架。我立刻提醒他，如果換作是我，我絕不會離家出走，來加深夫妻裂痕。因為從大局來看，這樣做等於犯了多重的過錯——不智、不愛、不慈、不孝、不友、不義。

同學一聽頗感訝異，要求詳細說明，我就直接了當的說：

「太太疼愛子女，天經地義；教育理念和你不同也十分正常；即使兩人爲此爭吵也應該床頭吵、床尾和。更何況，夫在家代表天，理應心胸廣大，包容無盡，謙讓夫人，以示德範。若偶有爭執，夫是一家之主，自然應如春風暖陽，大事化小，小事化無，早些回復家庭和樂，豈有離家於不顧而住宿於外的道理，這是丟了『夫道』——可以說是『不智』。」

同學問：「那我爲什麼又是『不愛』呢？」

我告訴他：

「天地下沒有完人，包括你也不是。既然都是平凡人，難免都有缺點。你太太的缺點，你在婚前就非常清楚，結婚當天你也宣誓，要相親相愛，患難與共，彼此包容，共信共守。怎麼到現在，反而數落起她的毛病，不肯包容她，還離家出走呢？這不說明了你『不愛』嗎？而你太太跟你這麼久，沒聽見過她挑你的毛病，吵架也不會離家出走，不是因爲心中還有愛嗎？想想，妻子多年來爲你操持這個家，幫你生養了兩個可愛健康的孩子，照顧你體貼細心，無微不至，這個恩情有多深！古人說『滴水之恩，湧泉以報』，何況妻子對我們這麼深的恩情？我們能不愛她嗎？」

同學聽了臉有些發紅，遲疑了一下再問：「那你說不慈、不孝、不友、不義又指的是什麼？」

我繼續跟他解釋：

「你們夫妻吵架，孩子又沒有錯，結果你卻選擇離家出走，讓她們見不到爸爸，得不到父親的關愛，這是丟了『父道』──叫不慈。伯父母年紀大了住在南部，總想自己的兒子領家有道，婚姻幸福，如果讓他們知道你今天這樣的情況，心裡難免憂心如焚，這樣讓父母操煩，是丟了『子女道』──叫不孝。你的兄弟姊妹一旦知道你的婚姻走到這步田地，也會心裡著急難過，這是丟了『兄弟道』─叫不友。至於你的同學、朋友，見到你今天的婚姻危機，免不了要擔心傷神，這是你丟了『朋友道』──叫不義。我們古人說，丟了一道，命就好不了，更何況你已經丟了六道呢？」

同學聽完了以後點點頭，同意我說的道理，不過，他立刻又接著問：「那依你看，我接下來，應該要怎麼解決現在的難題呢？」

我很高興他肯回心轉意問這個問題，就開始爲他獻策，要他準備一束玫瑰，再寫一封道歉的卡片，上面詳細寫出準備回家的時間；然後利用太太不在家時，拿回去放在太太梳粧台上，到了約定的時間再回家去。

後來，我的同學真的照著我提出的「回春計劃」去做；很幸運的，他又回到了原來的家，重拾了往日的快樂家庭生活。

夫妻的「性福」在於「愛」

許曉丹對婚姻的控訴，讓我們深刻體會到夫妻「健康的性」，實際上包涵了性生理和性心理兩方面。如果兩者兼備，自然可增添生活的樂趣，但僅有正常的生理，而沒有健康的心理；則原始的性衝動，反而容易造成強暴、性虐待……等不良後果。

這也使人想到，最近風行美國的一種新藥Viagra，中文譯爲「威而鋼」，一上市就供不應求，可使男性性能力增強。「威而鋼」大受歡迎，充分反映出男性，處處以征服女性的心態面對性愛，實屬偏差與不健康；因爲，長久以來，男性養成一種擬似佔有者的掠奪心態，以征服女性爲榮。

事實上，性醫學研究發現，女性性高潮的先決條件，必須是在一種無憂無慮，而且覺得充分被愛的氛圍狀況下才能達成；因此，夫妻性生活的圓滿之道，乃在於做丈夫的能否在性愛過程中，讓妻子有一種「濃情蜜意」被愛、被疼惜的感覺。而不是做愛時間的長短或持久，以證明自己的男子氣概。⑤

據報導，許多無法享受「性」福的夫妻，真正屬於生理方面性功能障礙的，不如心理因素影響居多。有愛為基礎的夫妻間，就較易包容、接納、共同解決困難。即使年老力衰，無法再有所謂狹義的性行為時，夫妻相擁而眠、牽手散步，那種心靈的滿足，難道就不「性福」嗎？

在媒體一篇「性與健康」的徵文裡，就看到一位高雄市的先生，說到他與老婆如魚得水的「性福」，關鍵是他：

「懂得待太太以真誠的身和心；從來不拿她和別人比較；不吝惜讚美她；不刻意打壓她；不忽視她的感覺；不要求她要改變；不動輒要求她要配合我。欣賞她的缺點；說出她的好處；分擔她的憂懷；感謝她的犧牲；

滿足她小小的要求：：：。」

最後他說：「性福跑不掉，性不性由你！」⑥

專家學者因此列出了以下，一個有效而簡單的夫妻性課程，稱為BEST處方箋：⑦

一、Blessing祝福：

彼此說好話、和善的話，常常表示感激、欣賞，替對方做一件好事，不管妳（你）的配偶如何，妳（你）都報以祝福，這樣妳（你）也能享幸福。

二、Edifying鼓勵：

雙方都需要常常藉著口頭的鼓勵、目光的接觸、愛的撫慰，使對方活潑有自信。

三、Sharing 分享：

夫妻成為一體，以各種方法與對方分享，包括時間、活動、興趣、思想、家庭的目標等等，透過分享接納，使妳（你）們的愛越來越增加。

四、Touching接觸：

要加強夫妻情感，肉體接觸不可或缺。依偎、擁抱、貼身而睡，學習表達溫暖、性愛的藝術，花時間去品味它。

根據調查統計，一周一百六十八個小時，一般夫妻花在性愛的時間，很少超過兩個小時，所以是其他的活動，在影響做愛的品質。如何使性成為健康快樂的，且持續一生之久，是需要學習的。

俗語說：「十年修得同船渡、百年修得共枕眠」。能成為夫妻是緣份的開始，緣續或緣滅就看夫妻雙方了。要想要締造真正的快樂、幸福的婚姻，彼此就需要更多的付出與奉獻。婚姻就像釀葡萄酒一樣，需要用心經營、耐心守候，年份愈久，滋味就愈香醇濃郁，令人回味無窮。

愛配偶就是愛孩子

——父母的婚姻責任與婚姻示範

現在的孩子如果缺乏健康成熟的兩性態度與婚姻看法，其實問題都出在父母婚姻的不良示範。所以夫妻不合就是在折磨孩子，眞疼孩子的父母，一定懂得將最眞誠的愛投注在婚姻生活裡。

一九九八年五月，台北市中小學教師舉辦了一場家庭生活教育推廣座談會，在座談會上，據許多國小老師憂心的反映說，現在常聽國小學童平日談話中的直覺反應，常透露「結婚是很麻煩的事！」等訊息，也有學生說「我以後不要生小孩」、「男生可以和男生結婚呀」、「我希望我媽媽和人同居就好，不必結婚自找麻煩」……混亂的價值觀，令人爲未來的社會擔憂。

事實上，現在國小學生，在談話中就已經「老公」、「老婆」彼此叫得不亦樂乎了。而國中生，幾乎都知道什麼是「上幾壘？」至於大學生，更有所謂由前任女友組成的「大老婆俱樂部」、現任女友結盟的「小老婆俱樂部」，還有所謂「同居巷」、「公館街」。

一位老師曾輔導一位言行輕佻的國小四年級學生，並藉性教育讓學生知道：她這麼做，很容易讓自己不安全，也會惹同學討厭。後來進一步了解，老師才知道，其實這個女生這麼做的目的，是因為父母婚姻出狀況，媽媽離家，孩子為了想引人注意，才出此下策。

無奈的是，老師儘管知道原因，除了對學生道德及安全訴求外，別無他法改善整個狀況。

台北市家庭生活教育推廣協會執行長呂麗絲說，影響孩子婚姻觀的最主要力量，主要來自父母的「示範」。①

也就是說，一對婚姻狀況不理想的父母，會讓孩子失望之餘，對未來

的婚姻有所排斥。相對的，一對理想而較無衝突的婚姻，會讓孩子在耳濡目染的生活中，學習到父母兩性包容、相互尊重的互動模式，日後較容易有良好穩定的兩性關係，與開創幸福婚姻的相處之道。

家庭戰爭灼傷孩子心靈

內政部和千代文教基金會九四年合辦一場探討「隱藏在家庭中的一雙黑手」研討會。千代並公布一份完成的國中、高中職階段青少年問卷結果。結果發現，台灣的家庭中，有七成三常有或偶爾看到父母親在吵架，還有近四分之一的青少年說，她（他）們的父母常常或有時會打架。②

千代分析指出，平均看來，對家庭生活表示滿意的青少年只有六四％左右。而父母常吵架、打架的家庭的孩子，對家庭生活的滿意度，常是父母不打不吵家庭的三分之一不到；但不滿意程度卻是八倍以上；也更常覺得家裡讓人心煩，沒人關心她（他），也不太看重自己。而且她（他）們之中，六成以上常想到父母親可能會離婚，尤其是父母常打架的家庭裡，八六％孩子認爲父母離婚是「無可厚非」的事，或「只是小事一樁」。

而且家長常吵常打，孩子也常自認較不受尊重，對於父母說的話，抱持懷疑態度的比率，是父母不吵不打的三倍以上。她（他）們也顯得非常不同意「天下沒有不是的父母」的說法。因爲她（他）們說，她（他）們的父母常是爲了錢和芝麻綠豆的小事吵架，「什麼事都可以吵」。父母越常吵打的孩子，越常回答她（他）最不喜歡父母。

據這份調查發現，在這種家庭中的青少年，多認爲父親是「可有可無」的人。若用一句話描述愛打愛吵的父親，很多孩子寫的是「賤人」、「自私、只會花錢」、「沒出息」、「沒有責任」、「我不知道他是誰」、「可恨的人」、「只會喝酒打人」、「全世界最爛的人」、「無恥」。主辦單位表示，很多孩子所描述的父親像在說仇人，很令人心痛。

對愛吵愛打的母親，這些孩子雖也多負面評價，但不若父親般仇視，因多認爲母親雖囉嗦但還算關心。③

筆者印象裡，曾看過一則報導，提到夫妻吵架，妻子受了委屈，就提行李投奔姊姊處，當先生隨後趕來負荊請罪時，太太二話不說，進入浴室提一桶水，當著眾目睽睽，從頭潑得丈夫一身水。

這些夫妻動輒吵鬧，甚至全武行的場面，如果經常在子女面前上演，顯然會對自己下一代的心靈，影響深遠；甚至很容易成爲家庭的「傳家之禍」。因此現代愛打鬧的父母，無論如何都必須及早進一步的改變夫妻間的相處方式，才不會讓孩子產生錯誤的婚姻觀，失去追求穩定感情的機會。

夫妻不和就是折磨孩子

有一次，有位女性仰藥自盡，被救回來之後，探望的朋友問她一時想不開的原因。發現她的丈夫每天嚴格掌控她的生活作息：買菜三十分鐘，聚會一小時，回娘家不超過三小時；檢查垃圾袋，有無不該丟的東西；地板明明才拖過，他還要自己再拖過才放心。她說：④

「有次我自己從婆婆家開車回台北，下錯交流道，路又不熟，多繞了半小時才到家。隔天他一到家，劈頭就問我昨天又去那兒了，妳們知道嗎，原來他查看車上里程表，我多開了十幾公里。」

大家聽了個個噤若寒蟬，久久不能言語。這樣的家庭，別說太太活不下去，即使是孩子也要抓狂了。

另有個男性，結婚八、九年，他與妻子都沒有外遇，只是沒有經營婚姻，兩人漸行漸遠。他把房子留給太太，以及一兒一女，自己獨居到一小間公寓。

四年後，前妻另有人生計畫，帶著孩子遷居，他被告知去送別。八歲的小兒子像知道將發生什麼事，緊緊抱著他吉普車的方向盤，放聲大哭。

他只好牽著姊弟倆，到屋後小樹林玩，轉移孩子注意力。走在廢棄火車軌道上，他感慨萬千，好像美好時光就將一去不返。牽著孩子回來，直接把兒子送上媽媽車子的後座。他大步走開，不敢回頭，開車離去時，從後照鏡看到女兒孤零零站在車門邊，看著爸爸駛遠，抽抽噎噎，不敢哭出來。兒子已經趴在車窗口，再度絕望大哭……。⑤

對孩子來說，不論離開爸爸或媽媽，都是心靈至深的痛楚。因為，自此以後，她（他）將別無選擇的，必須在單親家庭中生活。

有位現代好男人的陳清進律師，因爲辦了不少離婚案子，陳清進更能感受家庭的可貴，他特別提到一次難忘的經驗：

「我曾經看過一個檔案，到今天還印象深刻，一個五名少年組成的竊車集團，有一天被警方逮捕到案，警察通知家長前來，發現五個人都來自單親家庭。」⑥

所以人常說，夫妻不和，最受影響的，最痛苦的其實都是孩子。如非不得已，夫妻實在應該以和爲貴，同心攜手經營一個幸福快樂的家。

讓有愛的家成為孩子的鏡子

口足畫家謝坤山出事那年，正是青春年少，十六歲的年齡，從此失去了左右手臂和右小腿；重傷的右眼，也在十年後宣告失明。殘障的厄運卻未曾將他捲入悲傷，因爲在被救醒的那一刻，他看到的不是自己的傷殘，而是媽媽的眼淚；於是他知道，必須把自己的過去拿掉，重新活出一個新的謝坤山。

他的樂觀奮鬥，也贏得美人芳心，共組家庭。當年林淑芬循新聞報導，親自登門採訪謝坤山和他一群殘障朋友所組的「慢半拍畫室」，七年後，在家庭阻力下與謝坤山走進禮堂，夫妻牽手至今十年。

謝坤山有一對可愛的寶貝女兒；因爲妻子姓林，所以老大謝凝暱稱「小木木」，而小姊姊三歲的老二謝璇，則喚「小貝貝」。姊妹倆常常對爸爸又摟又親，外人面前也不避諱。

九六年，謝坤山參加大女兒的小學懇親會，看見女兒教室玻璃貼著她對爸爸的讚美詞，說爸爸最偉大，是她的偶像；兩個女兒崇拜他，謝坤山說：⑦

「**大概我這爸爸沒有讓她們失望吧！**」

謝坤山是個標準的「現代奶爸」。從女兒小時候起，爲她們泡牛奶、擠牙膏刷牙、拿毛巾洗臉、洗澡、哄睡……他都不落妻後。小寶貝啼哭時，他就用嘴啣到左腿，用斷臂托住，身體邊搖邊唱催眠曲，長大了陪作功課、玩遊戲，也不作第二人想。大女兒兩歲時，一家人就出國去玩；每年出國旅行，是必有的安排。

出門寫生、訪友或者受邀演講，一家四口總是一起行動；妻女是幫手，也是聽眾。

靠畫維持一家生計的謝坤山，對女兒疼愛，對妻子也極盡呵護；兩次都陪產的謝坤山，在妻子分娩時，會挨緊妻子，爲她加油。平常，他也分擔家事，摺被、拖地、洗衣、陪妻子上菜市場等，做多少是多少。

謝坤山不諱言，人與人相處，不可能沒摩擦，他們夫妻倆經營幸福家庭的祕訣是：

「**婚前找缺點，婚後看優點。**」

由於兩人經常帶著孩子出入殘障朋友處，醫院或演講地方；兩個女兒或許是見多了人間疾苦，從小不曾問過爸爸爲什麼肢體殘缺，甚至還擁有親近殘障者的平常心。有一次，夫妻倆帶孩子去探望顏面傷殘的病友，原本擔心孩子見了會失聲尖叫；可是孩子沒有，她們天使般的笑語，帶給病友更大的鼓舞，令做爸媽的感到無比欣慰。⑧

謝坤山可以說是個「化腐朽爲神奇」的卓越好男人，也是個「變不可能爲可能」的現代好老爸，不但成了女兒的偶像，也是我們所有四肢健全男人學習的標竿。

常有人說，家是一面很好的鏡子，它會忠實的反射出夫妻互動以及親子關係間的一切氣氛和感情品質。和諧的家庭，將爲夫妻、孩子帶來很大很大的快樂，因爲在這樣的家庭，人與人之間相處可以有很坦誠、親密的感覺。這樣的家庭，就像一頁攤開的畫紙，可以在一家人良好的互動下盡情揮灑！

筆者相信，家是一個什麼都裝得下的地方，它可以包容無限細膩的情感，所以唯一不能使用的是暴力，即使是意念上或語言上的，都不可以。家是相互成全，而且必須以極大的愛來成全。

「好男人」獲獎感言
——我的婚姻倫理生活觀感

美好婚姻的關鍵除了有賢慧的「好女人」，最重要的是要有疼愛「好女人」與珍惜婚姻的「好男人」。本文是作者婚姻心路歷程的自我告白，希望與全天下「好男人」相互共勉。

九九年開春之後，我個人又依例再度在太座的提名及評選下，獲選我家上年度的「好男人」楷模，奪得這項令我引以爲傲的大獎。我爲什麼會成爲「好男人」的得獎人呢？大致說來有以下四個原因：

前賢的身教

我第一次見識到「好男人」，是大學時代的老師。他在民國五十年代和女朋友開始交往，就決定私下爲她蒐集她最感興趣的親子、育嬰剪報；到了結婚前夕，特地把多年的心血，裝在精美的冊子裡，送給女友做爲結婚的紀念禮物。如此體貼和細緻的心思，對我日後的兩性關係互動有相當良性的影響。

珍惜好太太

我和妻從認識到結婚共經歷了七年，在這段不算短的時間裡，兩人面臨了家庭、宗教、職業、地緣差異的種種障礙，在經過沮喪分手與重新復合奮鬥成功之後，特別能珍惜這段得來不易的緣份；加上妻溫柔婉約、細心體貼，激發自己立下了一個心願：

「希望妻能成爲一個很幸福的女人。」

專家的提醒

美國西雅圖華盛頓大學心理學教授高特曼表示，一個人的婚姻能維持七年或十六年其實是有跡可尋的。因爲其中的關鍵不在於夫妻是否經常吵架或衝突，而是男人的心還在不在這個家裡。如果爲人丈夫者能重視妻子的觀點，且願意讓步，與妻子在「中點」會合，婚姻仍有可能長長久久；男人的反應，基本上在婚姻中扮演了重要的角色。①換言之，每一個好的婚姻，最重要的可能不是妻子到底是不是一個賢淑善良的「好女人」，而應該是先要有一個願意創造良好婚姻生活的「好男人」。

先哲的教誨

我在文化的研究中發現，中華文化儒道釋三家一致強調，人生在世的真正使命是必須在日常倫理生活中，孝親敬賢，愛家愛人，最終才能達到道德心性光明圓善，而與天地精神相合通流的境地。換言之，家庭倫理生活，正是每一個人修養道德心性的殿堂和道場，也是我們每個人來到這世間的根本目的。

當然，除了以上四個重要原因外，要獲得家庭「好男人」年度大獎，一定要有相當的優良事蹟配合，我分析了自己歷來的優良表現，把它歸類成四項作法：

第一項作法—尊重太太的專長。妻是商學系畢業，具有理財專長；而我也堅信「疑人不娶，娶人不疑」，就把所有的收入全交給太太掌管，包括稿費、鐘點費等各種費用。太座再按月發零用金。最讓內人氣結的是，經常在發零用錢時，我還不要，我的答案是「我還沒用完呢！」因爲自己酒不會喝，煙還沒學會，交際應酬幾乎沒有，每天生活就是「兩點一線」（一點是學校，一點是家裡，一線是兩點之間的交通線）。我這種從不存私房錢的習性，太太經常會試探我說：「你不怕我那天把你這些家產存款都捲跑了嗎？」我說：「要捲款私逃現在還划不來，等我再賺二十年薪水給妳再逃會比較上算。」

我的第二個作法是「家庭管理由太太作主」。這個觀點我是在「林語堂文選」裡學到的。林語堂先生說他家有一個管理原則：

「凡是大事是由我決定，凡是小事是由我太太決定，至於什麼是大事？什麼是小事？是由太太決定的。」

說了個半天，其實都是由太太作主決定。當然家事全由一人作主，一來可以避免爭執，二來先生可以圖個清閒。所以我在家裡不論遇到買房子、買車子：：等，一律問妻。小孩有事跑來問我，我就請她們去問媽媽，可是她們又經常跑回來說：「媽媽說爸爸決定就可以了。」結果我們家竟成了太太決定大事，先生決定小事的妙家庭。

我的第三個作法是「搶事做」。常言道，夫妻有四種，第一種是打罵夫妻；第二種是互管夫妻；第三種是互助夫妻；第四種是感恩夫妻。要真正享受婚姻的樂趣，得做第三、四種夫妻才行。

而互助、感恩的作法，就是替對方想—搶家事做。當然，「搶事」我是佔了一點時間上的便宜，祇要沒課，我都可以在家料理家務。從打掃環境，準備三餐，到督促小孩們功課及幫她們洗澡，全可包辦。我的目標是讓太太回家能作大少奶奶。而內人也不甘落後，祇要回家絕不准我作事，要我當大老爺；所以搶事做的結果，我們夫妻倆天天都當名正言順的大少奶奶和大老爺，誰也不會嫌對方做事不夠多。我有時候聽妻講她同事和先生在家，爲了誰該去倒垃圾的一件小事，夫妻倆竟大吵一架；我聽了十分慶幸，還好我們家不會發生這種事。

事實上，「搶事做」的方式，也是我們年長了以後，才發展出來的體貼模式；最初我和妻是採家事「分工」－男人做粗活，女人做細活。所謂粗活是指開車、修水電、買福利品（太多太重）、抱小孩、提菜籃、倒垃圾（追車子需要速度）及其他。太太則負責輕巧家事。

第四項優良事蹟是「自訂吵架守則」。俗話說，天下沒有不爭吵的夫妻，我和妻也不例外，特別是結婚的前幾年，年輕氣盛，總是免不了因觀念差異問題起一些爭議。每次一有口角，我都會沉靜下來思考如何能避免爭吵，或不擴大爭吵範圍。

後來發現，每一家夫妻通常在吵架時，根本沒有規則可循，在沒有限制的情況下，很有可能愈演愈烈不可收拾，要避免這種結果，應該有一套規則才行，於是我參考了一些專家的意見，再酌予增補，給自己訂了十二條夫妻吵架守則：

第一條：爭吵要在適當「時間」和「地點」。不可以在吃飯睡覺前及外人與孩子面前爭吵。

第二條：每次爭吵要有結果，不可以將心事各藏心中，以致產生嚴重的後遺症。

第三條：爭吵時須注意自己的「臉色」和「態度」，並且傾聽自己的「聲音」。

第四條：爭吵要學習聽對方語句中的內在含意。

第五條：爭吵時要爭對「主題」。

第六條：爭吵時勿「翻舊帳」。

第七條：爭吵時不要攻擊對方家人。

第八條：爭吵時勿用「絕對」、「一直」、「每次」等不留餘地的批評詞彙。

第九條：爭吵時儘量用「我喜歡」、「我希望」。

第十條：爭吵沒有所謂「誰輸」、「誰贏」。

第十一條：爭吵時要有度量向對方表示認錯或示好。

第十二條：爭吵時要有雅量接受對方認錯或示好，不能在對方以間接性的泡茶或搭肩表示時，仍硬不接受。

我之所以稱之為「自訂」，是因為這些守則是屬於自我要求，一旦兩人有了爭執，我會盡力要求自己儘快向妻表示歉意，早點化解不愉快的氣氛。因為爭吵基本上是家庭另一種形式的溝通，主要是希望把問題釐清。而丈夫在家代表「天」，自應明理涵容，度量寬宏，以家庭和諧為首要；事實上，妻也十分明理，常常也肯讓步，所以即使我們偶有爭議，總是一會兒就隨風而逝。特別是近一、二年，兩人已逐漸提昇至相互感恩的氣氛中互動，祇有歡喜感謝，那還有什麼爭吵的可能。

從八三年結婚到今天，十多年已過去了，回顧來時路上的生活點滴，想想我今天能再度得獎，我很高興自己能做到當初許下的理想—「讓太太成為很幸福的女人」。

和「牽手的」共處十五年，經常我最樂於聽到她說的一句話就是：

「**我這輩子做的最正確的一件事，就是嫁給你。**」

而我也常很謙虛說：

「那是妳不嫌棄，我那有這麼好。」

她補充說：

「像你這種先生我還嫌棄？我就差沒有做一面勳章頒給你了。」

其實做好男人，真的不難，祇在於「心放家裡」、「真心相待」而已。唯有做好男人，才能真正得到好女人的真情，可以真正知道太太的種種好，也才會有齊家的快樂與婚姻的喜悅。

當前我們社會的大病，就是有太多男人不守本分，喜歡大享「齊人之福」；其實看得透，看得遠的人，都會明白那祇是浪費生命，虛渡人生。九八年春節過後，台灣省政府有一位知名政治人物的「三人緋聞事件」轟動國際，而最令人心疼的是，他的離婚妻子正是一懂得寬容惜福，不可多得的好女人，他的孩子，也是乖巧溫順、善感體貼的好女孩，但孰令棄之？孔子在「大學」上說：

「一個人要治理國家，必須要能先和睦自己的家庭，如果他不能教導自己家人，他也不可能去教導他人。所以君子雖未離開家，但他的德行卻能教化整個國家。」②

吾人既讀過聖賢書，就當做聖賢事，更何況是政治人物，言行舉動，皆當爲國人學習的楷模。

冷靜面對婚姻之癌

——現代婚姻外遇的探索與省思

婚姻外遇原因十分複雜，但一旦發生，都是自己、配偶與家人的一場人生災難。我們應如何在婚外情發生的同時，將傷害減少降低，本文中的一些建議，您也許可以參考。

一九八五年三月，政治大學柴松林教授發表一篇「婦女最關心什麼問題」的研究報告，其中「外遇問題」正是婦女最引以為憂的心頭夢魘；而國內各輔導機構處理的個案之中，家庭或兩性情感問題，幾佔總案數的一半強。①

外遇對婚姻、個人、孩子、家庭和其他親屬關係都造成重大的傷害，可說三敗俱傷，還連累到無辜的下一代。許多問卷調查顯示，外遇一直是導致婚姻破裂，造成家庭破碎的首要因素，所以說外遇是婚姻之癌，有時甚至可能毀滅一個人的事業與前途。②

據簡春安教授的分析，一般而言，外遇對當事人是苦果，其影響是：一、造成心理上的傷害。二、帶來生理上的危害。三、帶來事業上的危機。四、畢竟對名節有損。五、對子女有最惡劣的影響，外遇本身是最不好的家庭教育。六、外遇關係經常以恨收場。③

但是，儘管婚外情必須付出相當龐大的代價，然而總是有人背叛婚姻的承諾，讓自己的配偶和第三者，一起捲入一場驚心動魄的爭鬥漩窩：美國總統柯林頓與前白宮實習生陸雯絲姬的婚外情鬧得滿城風雨，使柯的元首寶座岌岌可危。南韓統一教教主文鮮明的前媳婦，最近接受美國哥倫比亞廣播公司訪問時透露，文鮮明曾自承有過婚外情。文的女兒更說文至少有一名私生子。英國外相庫克在九七年結束廿八年婚姻，迎娶婚外情的對象——其國會助理。④

反觀台灣，近來也出現許多轟動一時的桃色新聞，除了前省新聞處處長黃義交、資深媒體工作者周玉蔻，和多金名女人何麗玲間的三角戀情外；演藝圈也先後傳出歌手林慧萍，與使君有婦的潘博照墜入情網致潘婚姻破裂。以及演員林瑞陽和前妻曾哲貞、女演員張庭間糾葛不清等緋聞。台中女中資優生廖曼君與有婦之夫林永杰畸戀，導致兩人分別以跳樓、跳河方式結束生命，也讓人聞之搖頭。而國一女生與已婚男子相偕上賓館被查獲的案件，更是駭人聽聞。⑤不過，這些個案都還僅是冰山一角。婚外情不僅在當今社會中層出不窮；更衍生出婚姻暴力、婚姻破碎等種種問題，堪稱是現代婚姻的頭號殺手。

外遇問題面面觀

現代人的外遇的對象，根據調查，有四分之一是老朋友，三分之一是相識的朋友，真正陌生人只佔少數。一九八八年至一九九〇年，台北市基督教家庭協談中心針對外遇對象個案統計，分析結果發現第三者的對象、

⑥有婚外情者的職業、婚外情的運用籍口、年齡分佈及金錢來源分別如下：

A 第三者		B 職業		C 藉口		D 年齡分佈		E 金錢來源	
酒(舞)女	68%	經商	36%	應酬	26%	36—40	21%	賭博	20%
妓女	7%	銀行界	14%	打麻將	24%	31—35	18%	加班費	18%
同事	6%	公務員	13%	加班	26%	41—45	13%	額外收入	17%
女佣	6%	工程師	11%	出差	18%	46—50	10%	財產	15%
舊情人	4%	醫師	7%	其他	11%	51—55	8%	借錢	11%
歌星	3%	教師	6%			60以上	6%	股票	10%
妻友	2%	其他	13%			20—25	5%	其他	9%
他人之妻	2%					56—60	4%		
其他	2%								

至於一個人會在婚姻關係中外遇的原因，社會學家貝爾(Robert Bell)曾歸納如下：一、尋求刺激及變化。二、報復配偶的不忠。三、對一夫一妻制的反抗。四、尋找感情上的不滿足。五、由異性朋友的友誼而發展出性行爲。六、受到自己配偶的鼓勵。七、爲證明自己還年輕，仍有吸引力。八、純爲尋求歡樂。⑦

事實上，外遇的原因不十分單純，也不容易解釋；有些是幾種原因及機會組成的。研究發現，婚前性行爲較開放的人，婚後對婚姻不幸及離婚確有關連。但是否外遇導致離婚；或婚姻的不滿足，而導致外遇，則沒有定論。不過下面的推理應是可以成立：婚姻關係愈緊張，夫妻的性行爲次數就越少，婚外的性行爲（外遇）就較容易發生。⑧離婚因此就可能發生了。或是有外遇的配偶，根本遺棄了另一半；或是外遇的受害者無法忍受時，便提出了離婚。

法國Vocici雜誌，特別走訪五二六名法國女性，對於配偶不忠的態度，做了一次抽樣問卷調查。根據該調查，有五七・一%的受訪者，認爲對配偶忠誠是絕對必要的。然而，當自己成為婚外情的受害者時，有三九％的受訪者第一個反應是：試著了解為什麼？然而有二三％的現代女性，選擇離開他。訪談問卷過程中，有個有趣現象：愈是年輕，愈不能原諒配偶的不忠。最能以體諒的心情，面對丈夫的婚外情，以介於卅五至四十歲的女性為主。顯示年紀愈長，閱歷愈豐富的女性，遇到先生出軌不忠，持較豁達寬容的態度。⑨

當然，婚姻絕不是兒戲，當配偶不忠實時，最好保持頭冷心熱，千萬不要逞一時之氣。冷靜審慎地解決婚姻危機，比生氣、哭泣都有用；從婚姻的陰影中走出來，等到海闊天空之後，才會發現在痛苦中，學習了不少，也成長了許多。

不過，外遇問題究竟要如何解決呢？簡春安教授提出處理外遇的方法和重點是：⑩

一、注意夫妻間的維繫力或吸引力強不強。

二、強化夫妻間的生活規劃。

三、提高夫妻溝通的品質。

四、注意夫妻的角色有無衝突。

五、警覺到人性的軟弱。

六、讓配偶了解外遇不好玩。

七、遇有外遇方面的問題時，儘快找專家處理。

外遇事件對任何當事人來說，都是極大的衝擊；不但情緒高亢，而且立場迥異。因此，當外遇發生時，最重要的是接受事實，冷靜面對。究竟要容忍或選擇離婚，必須審慎考慮，畢竟婚姻的危機，也可能是轉機。不過最重要的是，夫妻兩人是否能真正面對問題溝通懇談？因此，婚姻問題專家已經作出了共同的結論：⑪

「婚姻問題只有當事人才是最有能力解決問題的人。解決問題的步驟是自己檢討、自己解決，別人最大的能力，只不過是在一旁作些提示而已。」

失婚者的另一個春天

基本上，夫妻任何一方，在另一半的外遇曝光之後，往往有五味雜陳的心理反應；而這些心理上的感覺，常讓如何善後的難題，變得更加棘手。

這些令人難堪的心境，包括：⑫

一、失去自我認同感：原本自認：「我成功經營著一個令人羨慕的婚姻。」但隨著另一半的出軌，跟著破滅了。「那我到底是誰呢？」這種自我認同完全被顛覆的無力感，令人不知所措。

二、失去特殊感：以前對方對自己好，一直認定自己是對方的唯一。如今發覺自己竟不是對方情有獨鍾的對象，原先那份令自己覺得安全幸福的特殊感消失了。

三、失去自尊：急於挽回婚姻，做出了一些「根本不像自己」的行爲，例如成天疑神疑鬼的查勤，穿上不三不四的性感衣物，成天哭鬧著要自殺等等。做出自己一向不齒的行爲。

此外，外遇事件中受傷害的一方，也會出現一些不能自抑的行爲，例如找對方的好友一一訴苦，不停的抽菸、喝酒等，也會有憂鬱症的情形出現，甚至有輕生的念頭。

有位女性當她丈夫有了外遇，她立刻就將所有的思維，全集中在丈夫和第三者現在在那裡？在做什麼？而她老了嗎？醜了嗎？做錯了嗎？不然老公爲什麼不要她：：：，這樣一遍又一遍地想；也一遍又遍地傷害自己、折磨自己；更兼埋葬自己。如此行屍走肉的模樣，更讓丈夫厭惡她、遠離她。從此，她以爲她完了、死定了，因爲她的世界全沒了：：：。

但恍惚之中，兒女叫「媽媽、媽媽」的呼聲，時遠時近地在她耳邊迴旋，這才讓她驚醒，她的世界還有一對可愛的兒女呢！她望著兩個孩子，堅定的表示：⑬

「該是擦乾眼淚的時候了，我是該振作了，少了愛情，我還有親情，不論爲孩子、爲自己，或要證明放棄我是他的損失，我發誓我要過得比以前好、比以前快樂。現實雖有遺憾，但有捨有得，度過了這難關，我會好好地愛我自己。今夜，且讓我們愉快地備妥晚餐，不管你爸爸回不回來吃，我們母子女三人，依然有溫馨、燦爛的夜晚，不是嗎？」

這位女性發現，雖然在這家裡，她失去了婚姻的關係；但是她仍有更爲重要，而且更任重道遠的親子關係，等著她去努力，去奮鬥；一樣能使自己的生活有意義。

「中華民國台灣史蹟研究中心」活動組長兼秘書的邱秀堂小姐，是已故國寶級古蹟民俗家林衡道教授的高足。她原是一個痴迷史學的單純女子；丈夫外遇五年並生下孩子後，她才得知。失婚後的她曾痛不欲生，但是熱心助人的天性，不容她獨自躲起來舔舐傷口；所以，她很努力的把一個人的生活過得恬淡安適；而她位於大廈頂樓的小窩，更如同一塊神奇大磁鐵，不斷吸引朋友到她家尋找慰藉。

邱秀堂認爲，即使是一個人的家也是家。雖然少了丈夫、孩子，卻可以讓生意盎然的花草，點綴出家庭溫暖、活潑的氣氛。而牆上掛著、桌上墊著的好字好畫，更是會讓人看了心情想不好都不行。

對這位走過婚變苦楚，如今又已一耳失聰的單身女子來說；因爲有親情與友情陪伴她，度過那段痛不欲生的艱辛歲月。

邱秀堂體悟到，人生如同月有陰晴圓缺；親人、友人爲她彌補了失婚的缺憾，讓她重拾對自己和對他人的信心；同時，也讓她恢復了服務的熱忱。

奇妙的是，因她熱心助人，來自朋友的回饋，也在冥冥中進行：當她爲公視籌委會賣命工作功成身退時，立刻有朋友主動幫她談妥更能發揮長才的工作。當她長期爲台灣史默默奉獻心力，朋友也悄悄進行推薦，使她獲得九八年中國文藝協會頒發的民俗文藝獎。

失婚，是人生另一個新的開始，它讓邱秀堂學會更珍惜親情和友情，也更懂得把握當下。生活於她，就是這麼簡單而又豐盈。⑭

總的來說，婚姻外遇最終不是釀成無休止的家庭戰爭；就是以離婚來作夫妻關係的結束；因此若不幸遇上了這樣的情況；專家建議，應該儘快請他人來解決問題。不過，找誰來幫忙解決衝突呢？只要是認識雙方的人，就很難保持中立，所以，朋友或家人的中介協助，反而可能使情況更糟。

如果夫妻正參加某個宗教團體，可以和神父、牧師（或師父）談談。但是要記住，認定「離婚是一種罪」的人，可能只希望妳（你）們復合；而無法真正幫妳（你）解決問題。因此，讓專業的諮商員，同時會見妳（你）們二人，可能是最好的解決方法。

> 眞正中立的第三者，應該要讓妳（你）倆在一對一的情況中，說出各自的心聲，並且爲害怕說出事實的那個人（這種情形經常發生）提供安全感。有時候，配偶協談，是先由諮商員個別約談妳或他，然後再一起會面討論。這種作法，在一方比較強勢，或害怕諮商員可能有性別歧視時，更能眞正幫得上忙。⑮效果不錯，值得一試！

進行配偶協談後，夫妻可能發現：坦誠公開妳（你）倆之間的障礙，可以幫助彼此以更遠觀的眼光來看待問題；甚至發現愛侶有自己從未瞭解的一面，使妳（你）們更瞭解彼此。兩人會發現：沒有什麼解決不了的問題！配偶協談，甚至可以幫夫妻倆找到尊嚴的分手方式。

第三者的愛情悲劇
——婚姻介入者的迷惘與幻滅

婚姻第三者是整個社會與法律都一致棄絕的對象，自己的人生也看不到任何希望。從「大生命」的觀點來看，更是未來不幸福人生的近因與遠因，值得現代多情男女們三思！

婚外情(Extramarital a Fairs)即一般所稱之「外遇」，指不論男女之已婚者，與配偶之外的對象發生戀情。由於它能輕易破壞家庭倫理中的夫妻倫理與親子倫理；因此在道德上既不被允許，也不被同情。同時，它也涉及通姦的違法行爲，即便是代表最低正義道德的法律，也必須追究到底。

因此，一旦有人成為第三者，介入別人的婚姻，它通常的基本定律，就是必須付出代價；雖然每一個個案所付出的代價並不一樣。台中女中資優生廖曼君當第三者竟選擇跳樓自盡，男主角林永杰也跳河殉情死亡，令所有的人大感惋惜與震驚。

也曾看過一則報導，有位女性剛結束一段不愉快的婚姻，不久，又傳出與辦公室有婦之夫過從甚密。對方太太也在同一辦公室，氣得幾近瘋狂，使出各種手段，只想挽回婚姻，無奈越弄越糟，夫妻比陌路還多一分恨意。

有一次這位女性的家人被問及此事，這家都受過高等教育，對她這段感情，雖然也認為破壞別人婚姻不對，但卻主張「愛情沒有是非」，「我們要以寬容的心來包容第三者」……。

這種似是而非的論調，仔細思索，時下就是有太多人持這種想法，明知於禮教不合，於法也難容，仍無法抗拒情慾的力量，社會才會如此混亂。

第三者須付出慘痛代價

有一位大學女生，在讀大學時，與有婦之夫的教授發生婚外情，結果不慎懷孕，她不顧家人反對，決定生下他。

爲了給孩子一個合法的父親，她只好匆匆忙忙下嫁一個年齡相差很多的男人；最後仍因學歷、觀念、個性不合，以離婚收場。

其母的娘家在地方上是望族，當初她竟然未婚懷孕，敗壞門風，父親一氣之下，將她驅逐出門。

離婚，獨力撫養兩個同母異父的孩子，沒有任何贍養費，靠著到處打工賺錢生活，撫養孩子至大學畢業的過程中，曾哭過、痛過、怨恨過。回首辛酸來時路，她語重心長地說：①

「**若生命重新來過，絕不讓愛情沖昏頭，代價實在太大。**」

希望將來孩子能以她爲借鏡，不要重蹈覆轍。

最近，根據報紙披露，台灣演藝界知名演員沈時華小姐，也有與前述女大學生類似的遭遇。沈時華在未婚生子後，因爲傳統而保守的觀念、保護女兒芭比不受外界異樣眼光傷害心理，讓她自閉在家中、幾乎完全不與人接觸，唯有親愛的母親與廣播工作，陪她走過這段艱苦的日子。在一次記者會上，沈時華與記者談到了過去八年的生活點滴。她說，八年前毅然退出演藝圈，與「他」共同生活，也生下了愛的結晶——女兒芭比；當時有許多朋友認爲她的演藝事業如日中天，又曾榮獲金馬獎最佳女配角獎，何須輕言退出，屈就一段見不得光的感情；但她卻爲這段情無怨無悔。

不過，就在她以爲覓得良人的時候，良人卻在她懷孕時，棄她而去；讓她獨自品嘗生女的喜悅，與未婚媽媽的苦澀。三年後，更讓她飽嘗「男友結婚了，新娘不是我」的辛酸。

身爲眷村子弟，沈時華說，她從小就受著傳統的家庭教育；「未婚生子」，不論在當時的社會，或是她自己的教養認知中，都是一種罪惡、羞恥。

因此，當她自己是主角時，有好長一段時間，她把自己關在家中，大門不出，只要一想到可能要面對的指指點點，就讓她受不了。後來，爲了女兒教育問題，沈時華隱忍八年，始終不願正面碰觸的未婚生女話題，終於因爲採取法律途徑曝光了。②

而傳爲沈時華女兒生父的台灣玻璃公司常董林伯實，特別委任萬國律師事務所發表聲明指出，八年前在他第一次婚姻中的錯誤婚外情，造成前妻與兩名女兒的巨大傷害；事發當時，爲了維護婚姻與取得親情的諒解，他與沈時華分手。這八年來，雖未再與沈時華母女見面；但基於道義，一直透過祕書轉送小孩的教育生活費用，並承諾照顧小孩至成年。

聲明表示，五年前林伯實再婚後的婚姻幸福；第二任妻子與他前妻的女兒相處融洽，孩子們已走出破碎婚姻家庭的陰影。面對沈時華的指控與要求，林伯實希望過去的錯誤不再繼續；上一代的是非恩怨，不要波及雙方家庭的小孩，讓一切歸於平靜。③

第三者傷害他人婚姻，破壞他人家庭的親子關係，固然是衆所周知；但是第三者（特別是女性）的非婚生子女，可能才是最大的受害者。至少光是生活中的父親角色，就比大部分的同輩們匱乏許多。這一點，不是法律上的救濟能滿足與彌補的。這不禁讓我們想大聲的追問：我們真有這樣自私的權利，讓無法選擇的孩子，從一出生就註定有如此坎坷的人生？

有一位曾做過第三者的女性，為了呼籲女性莫重蹈其痛苦悲慘的覆轍，於是向大眾公佈她的心路歷程。她說：她結婚時，沒受到任何祝福，更不被看好。婚後，她不敢跟丈夫吵架，更不敢在吵架後向親友訴苦。她很清楚若她向她（他）們訴苦，她（他）們一定會說她咎由自取。每個假日，她丈夫會去前妻那兒探望子女。當她丈夫在前妻那兒享受天倫之樂時，她不禁懷疑，她（他）們會不會舊情復燃？以前她是人家婚姻中的第三者，如今丈夫的前妻跟子女成了她婚姻中的第三者。她更得面對一個殘酷的現實，那就是她處心積慮搶來的丈夫，不過是個自私自利、遇事逃避的人。

她很清楚同事和朋友是如何在背後批評她，她愈來愈不快樂，最後只好跟丈夫談判離婚，丈夫不肯，說是怕別人笑話；但她毅然決然的離婚，離完婚後，如釋重負。有人問她說，當初她介入別人婚姻時，有沒有想過，萬一對方的太太因爲想不開而自殺，她的婚姻豈不更不被祝福！她說她當初一心一意只想把對方搶過來，根本沒想這麼多。直到她離婚後，看到層出不窮的社會版新聞，才感到悚然一驚！多虧對方的太太沒做傻事，否則她活得更痛苦。不過她也很佩服自己，有勇氣在犯錯後改過，不會因爲死要面子，葬送自己終身的幸福。④

第三者起因於「自私」

在張老師月刊的問卷調查顯示，有二成七的女性和三成的男性曾經當過第三者。這群比率不低的「第三者」感覺如何呢？超過半數的男性和女性第三者說，「壞感覺多過好感覺」；她們坦白承認，第三者煎熬最大的問題就是「怕傷害對方的原伴侶」。四成五的男性和七成一的女性受訪者都這樣認爲。其他原因還包括「有違倫常，良心不安」、「沒有安全感」、「需要安慰時找不到他」、「偷偷摸摸，不見天日」等。⑤

名演員胡茵夢小姐表示，看了張老師月刊的愛情觀調查結果，印證她的想法：大部分人談戀愛的出發點是爲了「要愛」，而不是「給愛」；每個人細細回想，可發現墜入情網前的心理狀態，都是出於自身的匱乏、寂寞、低潮、沮喪，由於自身的不足，必須拚命在情愛中找到救贖。

胡茵夢說，高比率的已婚男女想要發展婚外戀情，是因爲大部分的婚姻目標就是賺錢買房子，買車子、生孩子，心靈的共同成長反而停頓；使得「婚姻關係變成沒有關係」，是一種「耗能結構」，只好用外遇得到生命能量。⑥

至於第三者會有什麼「好感覺」？問卷顯示，不論男女都由當第三者中，「發現自己的吸引力」爲最重要的誘因。

對女性而言，其次的好感覺是「找到愛情」、「更了解自己」等；但男性其次是「找到愛情」、「有刺激感」、「得到性的滿足」等。⑦換言之，寧願當第三者的人，都是爲了一些十分自私的理由，而不惜去破壞別人的家庭。

問題是，一個人如果在精神上始終自私而缺乏道德，是否能讓自己獲得好處？依筆者的經驗是「短期利多，長期利空」。

筆者有位熟識的女性，自大學畢業後就與一有婦之夫同居，直到現今已四十餘歲；由於是第三者，所以至今仍不敢懷孕、沒有子女，也沒有真正的家庭，這樣的人生規劃，真的看不出她未來的希望在那裡？

如果我們再從宗教與超心理學的「大生命」觀點來分析，也許可以得到更多的訊息：

一、大生命觀點的基本信念是──「自私是基本的罪」，它是每個不幸福人生的近因和遠因。除非我們能眞正體悟「愛」才是做人的眞諦。

二、大生命觀點的重要因果律是──「妳（你）種什麼，妳（你）就收什麼」，以及「妳（你）願她（他）如何待妳（你），妳（你）就如何待她（他）」。⑧換言之，妳（你）如果尊重別人的婚姻，就會珍惜自己的姻緣，得到快樂的家庭。如果妳（你）以自私的心，破壞別人的婚姻倫理；婚姻的幸福，也會回過頭來棄絕妳（你），這就是宇宙永存的均衡律。

在美國多所醫院擔任精神科主任，而精通前世催眠的前台大精神科總住院醫師陳勝英大夫在「跨越前世今生」一書中提到，所有催眠師發現，每一個人的精神意識裡，都隱藏著與宇宙人生的道理相通的智慧能力，即具有一種自我組織(self-organization)與自我調適(self-adaptation)的智慧跟能力。每一位進入前世催眠的人，不但都具有醫治自己所有疾病及解決自身所有問題的能力；也會自動設法處理混亂狀態，維持自己生命的秩序。

宇宙自我組織律，就是前世催眠中所見到的慈悲、寬恕與仁愛等原理的根源。藉著自我組織的特性，生靈之間才會有互相包容、成全的原動力；使慈悲、仁愛成為宇宙眾生靈的基本特性，也是人性的基本特質。因此在文末，筆者特別引陳勝英大夫以下的一句話做為結論：⑧

「我們都應該試圖去了解我們來到這個世界上的目的，不應做一個只被生理需要所左右的必朽之人。」

偷情的人幸福嗎？

——男性婚外情的現代悲情

台灣男人的偷情成風，其實從長遠看，是禍而不是福，偷情的利刃往往會傷害事件中所有的人，它的代價甚至讓整個社會都必須付出成本。

一九九八年，張老師月刊在發生前省府發言人黃義交緋聞，及清大學生情殺之後；於四月號刊物對讀者進行問卷調查。在女多於男的讀者群中，獲得三百零八份有效問卷。

調查指出，有百分之十六的男性，和百分之十的女性受訪者表示，目前有兩個以上的情人。；二成一的女性和四成六的男性，希望與兩個以上的情人交往。若把婚姻狀況加入分析，發現百分之十七的已婚男性，和百分之十三的已婚女性．有兩個以上的情人（包含配偶），感受到了「婚外情」的刺激與煎熬。

問到「想不想和兩個以上的情人交往」，回答「想」的已婚女性占一成九，但已婚男性高達六成七。相對地，有五成一的已婚女性則是「即使有機會」，因為道德壓力，也「不想」發展多重戀情。張老師月刊企劃主編賀照緹指出，可見已婚男女對多重戀情有「嚴重的認知差距」。難怪外遇常成為台灣社會中婚姻問題的引爆點。①而台灣社會也已儼然成為當代的「偷情城市」。

台灣的偷情之風影響所及，連帶使中國大陸做生意的台商「包二奶」（養小老婆）的歪風日趨嚴重。尤其值得一提的是，「包二奶」風氣嚴重敗壞大陸社會；更破壞了中國大陸的婚姻觀念，已引起大陸婦女界群起抨擊，呼籲中共司法當局重新界定「重婚罪」。對那些雖未正式結婚，但長期同居並擁有共同財產的男女，亦要追究其刑事責任。婦女代表認為，包二奶的行為即使不能入罪，亦要對當事人進行勞改。因此，中國大陸近期推出的新婚法草案，增加了對離婚的限制；並將一向只屬於不道德行爲的「婚外性行爲」定爲非法行爲。②

台商在大陸「包二奶」究竟有多嚴重？根據婦女新知基金會民法申訴服務熱線的統計，平均每個月，台灣婦女向該基金會控訴丈夫在大陸「包二奶」，而希望協助的訴求離婚案，就高達十餘件；顯見台商在大陸「包二奶」的情形十分嚴重。

婦女新知基金會指出，丈夫在大陸「包二奶」最常見的現象即是：爲了照顧大陸的小老婆，而無力照顧在台灣的元配。因此在申訴的個案中，台灣婦女常哭訴丈夫在大陸養小老婆而棄家不顧，造成元配須獨力維繫一家老小的生計。③

從數據上看來，台灣男人的偷情風氣，不論在島內與島外，都是方興未艾，不絕如縷。但是偷情的男人，眞的會因此而幸福嗎？

根據台灣晚晴協會的輔導經驗，男人外遇並不永遠是佔便宜的劇本；若遇上不肯放手的「致命吸引力」，不但會令男性驚慌失措，還禍延家人。一位台灣知名的專業人士，在遇上交遊廣闊的「婚外女朋友」後，透過裙帶關係，業務積極擴展。但此時情婦已不想只是「情婦」，而想當「主婦」；威脅男方要讓原來的「主婦」變「棄婦」。由於男主角名氣太大，遲遲不想離婚：情婦於是開始復仇行動，半夜按下男人住家大樓的所有樓層電鈴騷擾；每天清早到男方辦公室，穿上透明睡衣躺在辦公桌上，客戶也不敢再上門，男人只好求饒，求她放他一馬。施寄青說，這名失去男人的情婦已幾近歇斯底里，放話「要買中共的黑星手槍」，只求玉石俱焚。

中興大學社會系副教授王雅各說，「不快樂、分身乏術」，是多數外遇男人的寫照。外界以爲的「齊人之福」，其實是禍不是福，深陷泥淖無法自拔。分身乏術的痛苦和罪惡感，尤其在情人節、除夕等節慶，「每逢佳節倍煎熬」，因爲他到底該回哪個家呢？王雅各說，不少男人只是爲了消除自己比不上老婆的自卑感，非得靠外遇來證明自己不可；其實自己最在乎的還是老婆，一旦妻子求去，或是第三者想要「正名」，男人總是把自己逼入絕境。

爲了報復花心老公，妻子求去的著名案例，就是九八年五月高雄港都一名女子，因爲丈夫經常到聲色場所走動，屢勸不聽；她爲了和丈夫賭氣，將丈夫三千多萬財產，花在星期五餐廳的牛郎身上，最後走上離婚一途。這名豪放女最後乾脆跑到舞廳上班，成爲該舞廳的首席舞女。她除了想將錢賺回來之外；最大目的，是要讓在港都聲色場所極爲出名的老公掛不住臉。

這則真人真事的故事，流傳在港都聲色場所，已經變成酒客和上班女郎談論的話題。大家都認爲不可思議之外；許多酒客也都彼此消遣說，喜歡走聲色場所的男人，回家也要注意老婆的舉動；不要到時候，老婆將家財散光了，大家還被矇在鼓裡。不過也有人在彼此勸戒，不要再流連聲色場所了，以免因而弄得妻離子散。⑤

晚晴協會創辦人施寄青女士則永遠記得一個場景：在一場對知名社團，演講她「走過婚姻」的經驗之後，一位事業有成的男人，端著酒杯拉住她的車門，對她訴說「妳以爲我喜歡外遇啊？」男人說，苦啊，想放不能放、想要不能要；男性友人見他流淚，一擁而上勸說：「你醉啦！」她回頭看著夜晚街頭端著酒杯流淚的男子，深感外遇這把刀，割傷的，不只是糟糠之妻而已。⑥

不過，男人婚外情的悲慘下場，比較起來，美國柯林頓總統應當是舉世最悲悽之一了。因為他的婚外情史，不但被美國媒體大肆炒作；檢察官史塔對他的性醜聞調查報告，洋洋灑灑四百五十五頁限制級內容，竟獲國會同意登上了全球網路，成為世界性的情色文獻。而這份堪稱美國政治史上「最黃色」的嚴肅報告，將會成為柯林頓最具代表性的「歷史文件」。換句話說，柯林頓一直想「名留青史」，如今他終於做到了。

柯林頓顯然從來沒想到，他雖「閱人無數」（他自己告訴陸女他過去曾有百次以上的婚外情），結果卻會栽在陸雯絲姬這個「小娃」（柯曾這樣暱稱陸女）身上。

從來不曾被抓到辮子的他，自然很習慣道歉。這次被逮到後，他的態度也從最初的不肖與憤怒，到如今隨著「黃色報告」的推出，而變得懊悔與歉意連連不止。他不但一再地道歉，也一再地請求寬恕，甚至還首度對「陸女及其家人」道歉。

只是這一切，是否已經太遲了？

如今案情已經進入法律程序，檢察官的報告到了國會手中，眾議員已通過彈劾案，現在僅剩參議院是否決定展開彈劾。⑦或許誠如費加洛報的標題，真是「只有奇蹟救得了他」。

婚外情經常是終結婚姻的殺手，或是破壞夫妻感情的元凶。婚外情不但讓自己的婚姻、家庭和子女都付出了慘痛的代價，而且使整個社會，也賠上了難以估計的社會成本。十八年來，台灣地區的離婚夫妻對數已超過四十萬，總人口中有八十多萬是離婚者；以及離婚造成數十萬單親子女時，整個社會的確已面臨新的複雜情況。它使得社會的每個角落。人人都可能有曾離婚的親友；人人都可能碰到少了爹或娘的孩子；社會不良青少年，將日益增多；校園倫理、家庭倫理、社會倫理都會受到負面的衝擊。政府的許多政策及措施，也要考慮配合調整，企業的選才育才用才策略，可能也要變了；甚至保險、住宅、旅遊、信用卡等行業的經營方向也要修正。

問題是，每個人是否能因此而正視婚外情對自己、家庭及社會的巨大危害？更重要的問題是：台灣的政府做了那些努力與教育，讓已婚的男人能勇於「遠離偷情的悲劇」？筆者確信，你我今日對婚外情問題是否有正確的看法，很可能影響明日離婚的數字，不能不多想想！

婚姻幸福指數小測驗

婚姻幸福指數小測驗

這是參考自美國雜誌一篇「爲什麼婚姻會有毛病」的文章。以下是轉載該文中所問夫與妻的二十個問題。如果妳（你）肯試著回答這些問題，對自己的婚姻，也許可以提供更多的建設性意見。

計分方式：

一、全部做到　十分
二、大部份做到　七—八分
三、一半做到　五分
四、少部份做到　二—三分
五、完全沒做到　〇分

項次	給丈夫做的問題	給自己的分數
一	你仍然向你太太「獻殷勤」，時常買鮮花送給她，慶祝她的生日以及你們的結婚紀念日，或時常作出她意料之外的溫存嗎？	
二	你是十分謹慎，從來不在別人面前批評她嗎？	
三	除了家庭費用以外，你給她一些錢，完全隨她自己使用嗎？	
四	你盡力去了解她的女性易變的態度，並幫助她渡過疲乏、不安、易怒的時期嗎？	
五	你至少有一半的消遣時間與她共處嗎？	
六	除了她的本領勝過別人，沒話說以外，你很機警的避免將她的治家或烹飪術，和你的母親或朋友的太太作比較嗎？	
七	你對於她的智育生活，她的社交活動，她所讀的書，以及對時事的見解，發生濃厚的興趣嗎？	

八	你能讓她與別的男子跳舞並接受他們的友誼的殷懃，而沒有嫉妒的表示嗎？	
九	你總機警的尋求機會去誇獎她，並表示你對她的欽佩嗎？	
十	對她為你所做的小事，如釘鈕扣、補襪子，送你的衣服去洗衣店，你都說聲謝謝嗎？	
加分題	你能盡力做家庭分工，甚至在家「搶事情」做嗎？	
總計分數		

項次	給妻子做的問題	給自己的分數
一	妳給妳丈夫以充分的自由去做事業，並避免批評他的交際及他選用的秘書嗎？	
二	妳能盡力分配家庭分工，讓夫妻都能發揮長才嗎？	
三	妳時常更換家中的飯菜，使他坐在飯桌上時，不知道要先吃那樣才好嗎？	
四	妳對於妳丈夫的事業有所了解，可以常相討論並給他一些幫助嗎？	
五	遇到經濟困難時，妳能勇敢泰然處之，不批評妳丈夫的錯誤，不把他與別位闊朋友相比較嗎？	
六	妳特別努力與丈夫的母親或別的親屬，和睦相處嗎？	
七	妳對於衣著的式樣顏色，顧到妳丈夫的喜惡嗎？	
八	妳能在與丈夫意見相左時，為和睦起見而容讓嗎？	

九	妳努力學習妳丈夫所喜歡的運動和娛樂，以便可以常常在一起消遣嗎？	
十	妳留意每天的新聞，新書，新思想，使妳具有妳丈夫的知識與趣嗎？	
總計分數		

註釋

開啟美德世界的寶藏

「愛、夢想與希望」註釋

①韓國棟，「朱仲祥，趴出美麗人生」，中時晚報，一九九八年十一月六日，六版。

②許正雄，「朱仲祥，一則生命奇蹟」，聯合報，一九九八年十一月十三日，六版。

③朱武智，「林煜智，人小志大」，中時晚報，一九九八年五月二十四日，三版。

④杏林子，「無腳天使勇敢飛」，聯合報，一九九八年五月三十一日，三十六版。

⑤莫渝，「生命的意義與價值」，國語日報，一九九八年八月十三日，五版。

⑥余正昭，不可抗拒的成功魅力（台北：遠流出版公司，一九九六年十一月），頁一七九。

⑦張老師月刊社，「一般生命，兩樣人生」，張老師月刊，十六卷六期

，一九八五年十一月，頁八。

⑧同註⑦，頁十。

「愛使我們成為快樂的巨人」註釋

①劉俠，「病房裡的遺憾」，聯合報，一九九八年九月十三日，三十三版。

②Robert Conklin著，秦明利譯，做個快樂的夢想家（台北：業強出版社，一九九六年），頁二〇九—一。

③葉玲君，「『永遠的義工』文化中心開講心路歷程」，聯合報，一九九八年六月廿八日，十八版。

④James T. Mangan, "A Key to Happiness", Progressive reading Volume II, National Defense Language Center Fu Hsing Kang College, P. 10.

「我們心中常有別人嗎？」註釋

①林靜靜，讓MQ high起來，（台北：白曉燕文教基金會，一九九八年四月），頁九。

②余倩如，「美德永不沈沒」，聯合報，一九九八年五月二日，三十六版。

③參考自註②。

④參考自風情，「天堂從根造起」，聯合報，一九九八年四月十五日，四十版。

⑤高添財，「叔叔，請帶我出去放屁」，聯合報，一九九五年一月二十一日，十三版。

⑥張作錦，「有『美德書』不一定會有美德」，聯合報，一九九八年七月五日，三十七版。

⑦林月鳳，「心中有別人」，聯合報，一九九八年五月二十日，三十三版。

⑧林蕙芳，「爲何無動於衷」，聯合報，一九九八年五月二日，三十六版。

「與孩子一同心心相印」註釋

①吳燈山，「追求內在美」，國語日報，一九九八年六月五日，五版。
②張作錦，有《美德書》不一定會有美德，聯合報，一九九八年七月五日，三十七版。
③林靜靜，讓MQ high起來（台北：白曉燕文教基金會，一九九八年四月），頁十九。
④李銘珠，「內向的數學天才炸彈害人」，聯合報，一九九八年五月六日，十版。
⑤梅清，「進名校要有好心腸」，聯合報，一九九八年三月二十日，四十二版。
⑥同註②。
⑦陳相，「誠實有好報」，聯合報，一九九八年五月十一日，三十六版

「百分之二俱樂部」註釋

①歐青鷹，潛能：成功之謎（台北：絲路文化公司，一九九七年），頁一七二。

②葉薇心，我們的故事（台北：財團法人台北市基督教救世傳播協會，一九九八年六月），頁三—九。

③笠卷勝利著，高淑華譯，操之在我：突破困境樂在工作（台北：書泉文化公司，一九九三年），頁十四—十五。

④轉引自註①，頁一二七。

⑤引自謝武彰，「小差中進士」，國語日報，一九九八年十月六日，十一版。

⑥引自汪精靈編譯，職業生涯成功法則（台北：清華管理科學圖書中心，一九九七年八月，再版），頁三十四。

⑦拿破崙・希爾著，張書帆譯，拿破崙・希爾的成功之鑰，頁一三二—一三四。

⑧ Mayling soong, " You Are What You Do ", PROGRESSIVE READING, VOLUME II, NATIONAL DEFENSE LANGUAGE CENTER FU HSING KANG COLLEGE, p. 70.

⑨ 引自余正昭，不可抗拒的成功魅力（台北：遠流出版公司，一九九六年十一月），頁六十三。

「您抓得住ＥＱ嗎？」註釋

① 杜衡，成功ＥＱ一百課（台北：文經出版社，一九九七年十月），一二〇—一二一。

② 拿破崙・希爾著，張書帆譯，拿破崙・希爾的成功之鑰，頁一五。

③ 引自彭懷真，上班族ＥＱ與ＩＱ（台北：希代書版公司，一九九七年一月），頁七六—七七。

④ 同註③，頁三十八。

⑤ 同註③，頁二十七。

⑥ 同註③，頁七十七。

⑦同註③，頁七十八。

⑧同註③，頁二十八。

⑨哈格・曼丁著，劉蘋華譯（台北：黎明書報社，一九七六年四月），頁九八—九九。

「長壽仙丹何處求？」註釋

①聯合報系民意調查中心，「身體，健康嗎？」，聯合報，一九九八年五月四日，六版。

②郭姿均，「五大富貴病侵害國人」，聯合報，一九九八年四月三十日，八版。

③呂理甡，「長壽仙丹其實是生活方式」，聯合報，一九九七年八月五日，五版。

④尹筱晴，「問壽命長短，看生活方式」，聯合報，，一九九七年十一月六日，三十三版。

⑤同註②。

⑥王明湖，「免費瘦身真好」，聯合報，一九九八年五月十日，三十四版。
⑦同註⑥。
⑧路透社，「適度運動可減低中年人死亡率」，聯合報，一九九八年五月三十日，十一版。
⑨張惟盛，「跑步救了我一命」，聯合報，一九九八年五月三十一日，三十四版。
⑩蘇主惠，「新起點健康生活計劃改變您的人生」，聯合報，一九九八年五月八日，三十四版。
⑪同註⑩。
⑫同註③。

「快向煙、酒、檳榔說再見」註釋

①莊鎧鴻，「恣意耗青春，抽菸是元凶」，聯合報，一九九八年五月十六日，三十四版。

②朱武智，「男性死亡，二〇%歸因吸菸」，中時晚報，一九九八年五月二十八日，六版。

③蔡鋒博，「癮君子，當心掃性」，中時晚報，一九九八年五月二十六日，十四版。

④日日談，「菸害加重到年輕人」，國語日報，一九九八年八月六日，二版。

⑤史玉琪，「爸爸戒菸了！」，自由時報，一九九八年七月十九日，四十四版。

⑥許金川，「留得好肝在，不怕沒酒喝」，中國時報，一九九八年六月五日，十九版。

⑦唐如怡，「脂肪肝，中年三大危機」，大成報，一九九八年，五月十七日，十一版。

⑧陳昭雯，「酒、色要分家」，中國時報，一九九八年四月十六日，三十九版。

⑨同註⑥。

⑩李宛蓉，「學者擔心，檳榔將會亡國」，中時晚報，一九九八年四月八日，五版。

⑪張尙文，「嚼檳榔再流行十年」，聯合報，一九九八年四月九日，十一版。

⑫王本華，「戒檳榔，迎健康」，聯合報，一九九八年八月十二日，三十三版。

「別忘了人生還有愛」註釋

①吳靜美，「肺癌首位，自殺入榜」，聯合報，一九九八年五月十五日，六版。

②同註①。

③何志培，「生命爲何不珍惜」，聯合報，一九九八年九月二十六日，三十四版。

④趙雅博，「從自我看個人倫理的範圍」，大陸雜誌，第八十五卷第一

期，一九九二年七月十五日，頁七。

⑤鄔昆如，「從哲學觀點看自殺問題」，哲學與文化，第十一卷一期，一九八四年元月，頁十二—十三。

⑥同註③，頁十。

⑦布萊恩・魏斯(Brian L. Weiss)著，譚智華譯，前世今生（台北：張老師出版社，一九九三年十月，六七刷），頁二十九。

⑧同註⑦，頁一五〇。

⑨大學，首章。

⑩中庸，首章。

⑪老子，道德經，常德章第廿八。

⑫老子，道德經，復命第十六。

⑬六祖壇經，慧能並未直說「明心見性」四字，而是在咐囑品第十中說：「識自本心，見自本性」。

⑭「本來面目」一語是禪宗形容「真我」的慣用詞彙，依慧能「六祖壇

經」咐囑品說法，「本來面目」就是「見性」。

⑮ 聖經，馬太福音第五章。

⑯ 吉娜·舍明那拉著，陳家猷譯，靈魂轉生的奧秘（台北：世茂出版社，一九九八年），頁三三一。

⑰ 同註⑯，頁三二〇。

「愛我也是愛你」註釋

① 孟子，盡心上。

② 孟子，盡心上。

③ 老子，道德經，復命章第十六。

④ 佛家「回家」一詞，主要來自以下的一段公案：

黃龍祖心禪師和詩人黃山谷相交甚密，有一天，山谷問黃龍入道的祕密法門。黃龍回答：「孔子不是曾說過：『二三子以我爲隱乎？吾無隱乎爾』嗎？你對這些話有什麼想法？」當山谷正要回答時，黃龍便插嘴說：「不是，不是」。弄得山谷莫名其妙。又有一天，山谷陪黃龍遊山，看到遍地開滿桂花，黃龍便問：「你聞到桂花香嗎？」山谷回答：「是的」。黃龍又說：「你看，我一點也沒有隱瞞你吧！山谷大悟，深深的作了一個揖說：「你真是老婆心切。」黃龍笑著說：「我只是希望你回家罷了。」

黃龍希望山谷回的是什麼「家」？這個家就本來面目，就是最親切的自己。所以黃龍暗示他一切都是現成的，要他捨高深而歸於平淡，回到那個他曾迷失了的「家」去。而禪師臨濟則一再的強調聽法的人是「無依道人」，同時又是「諸佛之母」。他不僅是聽者，而且是說者：

「現今目前孤明歷歷地聽法者，此人處處不滯，通徹十方，三界自在，入一切差別境，不能回換，一剎那間透入法界，逢佛說佛，逢祖說祖，逢羅漢說羅漢，逢餓鬼說餓鬼。向一切處，遊履國土，教化眾生，未曾離一念，隨處清淨，光透十方，萬法一如」。他曾說：

「若人求佛，是人失佛；若人求道，是人失道；若人求祖，是人失祖」。

最珍貴之寶，是無依道人，是在你的身中，是你自己。因此向外追求，便會失去了它。同時，正因爲它在你身中，你也無須向內尋覓，因爲你尋覓的就是自己，而不是有一個能讓你看到的對象。也就是說你的真我是主體，而不是對象。請參閱吳經熊，禪學的黃金時代（台北：商務印書館，民國七十九年八月，十六版），頁二六二，二〇九，二一〇。

⑤

在金剛經「離相寂滅分第十四」中，須菩提與釋迦牟尼討論到「實相非相」的問題：「世尊，是實相者，即是非相，是故如來說名實相。世尊，我今得聞如是經典，信解受持，不足爲難，若當來世，後五百歲，其有眾生，得聞是經，信解受持，是人則爲第一希有。何以故？此人無我相，無人相，無眾生相，無壽者相。所以者何？我相即是非相，人相，眾生相、壽者相，即是非相。何以故？離一切諸相，即名諸佛。佛告須菩提：如是如是，若復有人，得聞是經，不驚、不怖、不畏，當知是人，甚爲希有！」

⑥ Betty J. Eadie著，林曉梅譯，我有死亡經驗（台北：希代有限公司，一九九四年八月），頁七二。

⑦ 同註⑥，頁一九〇。

⑧ 吉娜・舍明那拉著，陳家猷譯，靈魂轉生的奧秘（台北：世茂出版社，一九九八年），頁三〇一。

⑨ 徐美惠，「女性，別敗在法律與愛情」，聯合報，一九九八年三月三十日，三十一版。

⑩ 鍾沛東，「小倆口合不來，判准無責離婚」，聯合報，一九九八年八月三十一日，九版。

⑪ 簡獻宗，「陳麗鳳還在盼丈夫回頭」，聯合報，一九九八年四月十二日，二版。

⑫ 林河名，「夫妻住所男方決定違憲」，聯合報，一九九八年四月十二日，二版。

⑬ 轉引自何金針，「談國民中學如何實施性教育」，台灣教育月刊，四五九期，一九八九年三月，頁三十二。

⑭ 孫蓉華，「性教育忽略了道德及價值觀」，聯合報，一九九八年五月二十九日，二十版。

⑮ 蘇嫻雅，「教女人保護男人」，中時晚報，一九九八年四月二十一日，十三版。

⑯ 托爾斯泰著，梁祥美譯，托爾斯泰三六六日金言（台北：志文出版社，一九八九年七月），頁一三二。

「誰將我們的母姊妻女銬上枷鎖」註釋

① 陳重生，「婦女國是會議，化悲痛爲行動」，中時晚報，一九九八年三月七日，三版。

② 胡孝誠，「台灣人權指數，不及格邊緣擺盪」，中時晚報，一九九八年十二月九日，四版。

③ 張孟起，「十二—二十歲少女被強暴率最高」，聯合晚報，一九九七

年五月二十一日，五版。

④陳飛，「再欺負她一次」，中國時報，一九九八年六月二十九日，三十三版。

⑤徐美惠，「女人，別敗在法律與愛情」，聯合報，一九九八年三月三十一日，三十一版。

⑥黃蕙芬，「不婚媽媽注意，他有權要孩子」，中時晚報，一九九八年四月二十二日，十五版。

⑦花，「法律綁架了我的青春」，民生報，一九九八年五月二十四日，三十一版。

⑧同註②。

⑨梁玉芳，「女教授蒙面控訴性別歧視」，聯合報，一九九八年五月二日，三版。

⑩王雅各，「氣憤！又見到清一色的男人」，聯合報，一九九八年六月十四日，十五版。

「感謝我曾經愛過的人」註釋

①轉引自黃有志，「談情說愛看緋聞」，聯合報，民國八十七年二月四日，十五版。

②劉子鳳，「星情，走出死胡同」，聯合晚報，民國八十五年十月卅一日，十版。

③鮑曉輝，「失戀者的明天」，聯合報，民國八十七年五月七日，三十六版。

④袁英，「我的分手經驗」，聯合晚報，民國八十七年三月二十二日，十五版。

⑤張怡筠，「跟愛情騙子討什麼公道？」，聯合報，民國八十七年四月五日，四十六版。

⑥蓓姬，「謝謝你曾經愛過我」，民生報，民國八十七年六月七日，三十一版。

⑦許中光、王安娜，「七個方法，讓過去的過去」，聯合報，民國八十

七年四月一日，五十五版。

⑧同註⑦。

⑨勃如，「獨立的人，才能追求真愛」，聯合報，民國八十七年六月五日，三十三版。

⑩同註⑤。

⑪顏夫仁，「跟情人分手，總覺得等不到天黑」，民生報，民國八十七年五月卅一日，卅一版。

「追求瀟灑的愛情與人生」註釋

①江昭青，「爲愛走偏鋒，大學生連呼病態」，中國時報，一九九八年三月十三日，四版。

②蔡政欣，「碩士求愛被拒，飲水放汞報復」，聯合報，一九九七年五月十七日，七版。

③張錦弘，「吵架後失火，學生情侶燒死」，聯合報，一九九八年五月十八日，九版。

④ 沈政男，「心理成長指標，影響人格發展」，中國時報，一九九八年三月十四日，十一版。

⑤ 陳于嫣，「易走極端者，有脈絡可尋」，聯合報，一九九七年五月十七日，七版。

⑥ 任維真，「大學生搶修兩性關係」，中國時報，一九九六年十月七日，三十六版。通識課程除了流行兩性關係與人際溝通之外，另外「生涯規畫」這類的課程，也和兩性關係、人際關係課程相似，屬於近幾年多數學校開出的流行課程。有的教授甚至將這類課程焦點集中在職業婦女上，以更符合時代的需求，譬如「婦女與工作生涯」（政大）。現代人重視生活品質與健康的特質似乎也反映在課程趨勢上。像運動與健康、醫藥與保健（中正）、人體生化營養學（交大）、食品與健康（台大、大葉）、牙醫保健（台大）、文化與旅遊、觀光旅遊概要（政大）等，是這幾年各校選修課排行榜上的新鮮課程。

⑦ 李慧真，「誰真關心清華學生？」，聯合報，一九九八年三月十七日

，十一版。

⑧林妏純，「談戀愛，要帶點灑勁」，中時晚報，一九九八年七月十五日，二十四版。

⑨張怡筠，「同居成功也會婚姻失敗」，聯合報，一九九七年十一月十六日，四十六版。

⑩同註⑨。

⑪林新輝、沈長祿，「大學生同居面面觀」，聯合報，一九九六年三月十一日，七版。

⑫韓國棟，「挑戰生命」，中時晚報，一九九八年七月十四日，十六版。

⑬同註⑫。

⑭社論，「人生路要慢慢走」，聯合晚報，一九九八年三月十二日，二版。

「讓愛情幫助自己成長」註釋

①轉引自阿奇，「你喜歡我的不安全嗎？」，聯合報，一九九七年四月六日，四六版。

②陳玲真，「尋找真愛一世情」，聯合報，一九九八年四月一日，四十版。

③同註②。

④吳若權，「不塑身就分手」，聯合報，一九九六年十月廿日，四二版。

⑤饒仁琪，「絕地男女愛情大反攻」，聯合報，一九九八年四月一日，四六版。

⑥同註⑤。

⑦漆雕以洮，「因失去而自由」，聯合報，一九九八年五月五日，三六版。

「婚姻十字路口停、看、聽」註釋

①林國香，「不做不情願的新娘」，聯合報，一九九八年五月三日，三十三版。

②李玉蟬，「從社區心理學觀點規劃『預防婚姻失調的社區介入服務方案』」，諮商與輔導，第一三四期，一九九七年二月，頁二。

③同註②。

④鄭名琇，「早婚的祝福」，聯合報，一九九八年七月一日，三十六版。

⑤林國香，「婚前多了解對方家庭」，一九九八年六月二十一日，三十三版。

⑥同註②，頁六。

⑦賴璦愛，「婚前協議保障有限」，聯合報，一九九八年，八月五日，三十三版。

⑧葉幸眉，「一紙結婚證書」，中國時報，一九九八年四月二十一日，

四十八版。

⑨同註⑧。

⑩同註②，頁七。

「選己所愛，愛己所選」註釋

①山中典士，做個永不褪色的女人（台北：輝鑫出版社，一九九七年十月，一版），頁七一。

②潘蓓蓓，「談女教師的婚姻」，教師天地，第五十八期，一九九二年六月，頁七七。

③同註②。

④轉引自劉昭仁，應用家庭倫理學（台北：文史哲出版社，一九九三年九月初版），頁六三—六四。

⑤同註④，頁六五—六八。

⑥同註④。

⑦轉引自晏涵文，「婚前生理與心理的調適」，訓育研究，第廿四卷，

第二期，一九八五年六月，頁三七。

「走上婚姻紅毯之前」註釋

① 江元慶，「愛人要分手，他變恐怖分子」，聯合晚報，一九九五年十月十一日，四版。

② 吉娜・舍明那拉著，陳家猷譯，靈魂轉生的奧秘（台北：世茂出版社，一九九八年），頁一八一—一八二。

③ 同註②。

④ 同註②，頁一八〇。

⑤ 同註②，頁一八三—一八四。

⑥ 轉引自劉昭仁，應用家庭倫理學（台北：文史哲出版社，一九九三年九月，初版），頁五六—五七。

「讓『睡美人』遇見眞王子」註釋

① 南有洲，「睡美人千萬不要太早醒來」，聯合報，一九九八年四月一日，四六版。

②石文南，「台北都會」，中時晚報，一九九八年四月二十二日，十五版。

③鄭哲政，「一夜情人」，聯合報，一九九八年六月三日，八版。

④郭姿均，「省家計所已婚婦女調查」，聯合報，一九九七年五月十七日，九版。

⑤羅曉荷，「婦產科醫師問卷調查」，聯合報，一九九七年十二月二十九日，五版。

⑥李家同，「悲劇的原因，是道德問題」，聯合報，一九九八年三月十五日，十一版。

⑦廖輝英，「讓她痛一點」，國語日報，一九九八年，五月十五日，五版。

⑧諶悠文，「小孩生小孩，悲劇一籮筐」，中時晚報，一九九八年五月卅一日，八版。

⑨蔡佳璋，「早嘗禁果，後患多多」，聯合報，一九九八年三月九日，

四十三版。

⑩同註⑧。

⑪徐弘治，「少女暗結珠胎，如何善了？」，中國時報，一九九八年六月五日，二十一版。

⑫伊安・庫利著，王存立譯，附身與轉世（台北：野鵝出版社，一九八七年八月，四版），頁一七五—一七六。

⑬吉娜・舍明那拉著，陳家猷譯，靈魂轉生的奧秘（台北：世茂出版公司，一九八八），頁一九四—一九五。

⑭南有洲，「女子無趣便是好太太」，聯合報，一九九七年四月六日，四六版。

⑮聖嚴法師，「負責任的性」，聯合報，一九九八年六月廿四日，卅三版。

⑯楊慧娟編譯，「電話訪查美國青少年，近半數反對婚前性行為」，民生報，一九九八年六月二日，三十一版。

「幸福婚姻方程式」註釋

①黃瑞汝，「愛就是鄭重宣布另一半很重要」，聯合報，一八年六月十四日，四十二版。

②吳玲瑤，「夫妻恩愛守則」，國語日報，一九九八年四月二十二日，十二版。

③劉逸沙，「相惜」，聯合報，一九九八年四月二十三日，四十版。

④廖淑惠，「浴火鴛鴦邱建源，麥秋蘭攜手走一生」，聯合報，一九九八年一月十二日，六版。

⑤陳皎眉，「以心理學的角度探討夫妻關係之調適」，社會研究，二十三期，一九八四年元月，頁六。

⑥陳川邦，「愛就是和她一起圓夢」，聯合報，一九九八年五月二十二日，三十三版。

⑦Dale Carnegie 著，林軫甫譯，影響力的本質（台北：南京出版公司，一九七七年三月，十二版），頁一二五—一二八。

⑧轉引自陳邁子，「夫婦之道」，中國世紀，一四四期，一九六九年十月十五日，頁八。

⑨黃瑞汝，「婚姻像粽子」，聯合報，一九九八年六月七日，四十二版。

「美滿婚姻食譜」註釋

①轉引自劉昭仁，應用家庭倫理學（台北：文史哲出版社，一九九三年九月，初版），頁一五六。

②同註①。

③金克拉(Zig Ziglar)著，張艾茜譯，與你在巔峰相會（台北：世茂出版社，一九九七年），頁一七。

④同註①，頁一五八。

⑤國語日報，「土地公、土地婆」，一九九八年十月十二日，十二版。

⑥沈怡，「二度婚姻的男人更成熟」，民生報，一九九八年七月十九日，三十一版。

⑦鄭麗園，「離婚愈來愈多」，聯合報，一九九八年十月十四日，三十三版。

⑧同註①，頁一六九。

⑨同註⑧。

⑩同註①，頁一七二—一七三。

⑪同註①，頁一五四。

⑫同註①，頁一五三。

「在婚姻中全心熱戀」註釋

①黃亞蓮，「冤家法庭」，聯合報，一九九八年十月三日，三十六版。

②轉引自劉昭仁，應用家庭倫理學（台北：文史哲出版社，一九九三年九月，初版），頁一五五。

③引自金克拉(Zig Ziglar)著，張艾茜譯，與你在巔峰相會（台北：世茂出版社，一九九七年），頁一六二。

④引自鄭麗園，「離婚愈來愈多」，聯合報，一九九八年十月十四日，

三十三版。

⑤ 梁玉芳，「照顧重病家人，他們無怨無悔」，聯合報，一九九八年九月廿七日，九版。

⑥ 同註②，頁一五五—一五六。

⑦ 同註③，頁一六四。

⑧ 同註③，頁一七八。

⑨ 同註⑧。

⑩ 同註③，頁一七八—一七九。

⑪ Dale Carnegie 著，林軫甫譯，影響力的本質（台北：南京出版公司，一九九七年三月，十二版），頁一二一。

⑫ 同註⑪。

⑬ 同註③，頁一六五。

⑭ 林國香，「爲婚姻加點活力」，聯合報，一九九八年七月二日，三十三版。

⑮同註③，頁一六八—一七〇。
⑯同註②，頁一五八。

「讓彼此感覺被愛」註釋

①胡孝誠，「邱彰控訴前夫是愛情騙子」，中時晚報，一九九八年三月二十二日，四版。
②包喬晉，「許曉丹聲淚俱下要離婚」，聯合報，一九九八年六月四日，八版。
③轉引自梁榮仁，「婚姻初期的調適」，諮商與輔導，第一三四期，一九九七年二月，頁九。
④趙愛卿，「找到四心」，中國時報，一九九八年九月十二日，三十三版。
⑤黃有志，「從威而鋼談夫妻性愛之道」，民生報，一九九八年六月六日，二版。
⑥阿歪，「性福，有法寶」，聯合報，一九九八年八月二十二日，三十

四版。

⑦林玲，「性與健康」，聯合報，一九九八年七月十八日，三十四版。

「愛配偶就是愛孩子」註釋

①張慧中，「給孩子正確的婚姻示範」，民生報，一九九八年五月二十四日，三十一版。

②洪淑惠，「家庭戰爭正侵蝕孩子對父母的敬愛」，聯合晚報，一九九四年六月十一日，五版。

③同註②。

④艾美，「外表的幸福」，聯合報，一九九八年五月二十日，三十六版。

⑤沈怡，「一個人，就是一個宇宙」，中國時報，一九九八年五月十六日，三十四版。

⑥饒仁琪，「像他們這樣的好男人」。聯合報，一九九五年十月十五日，四十一版。

「好男人獲獎感言」註釋

①王麗娟，「婚姻青紅燈，男人握開關」，聯合報，一九九七年三月十六日，四十八版

②本段原文如下：「所謂治國。必先齊其家者。其家不可教。而能教人者無之。故君子不出家。而成教於國。」（大學，第九章）

「冷靜面對婚姻之癌」註釋

①轉引自劉昭仁，應用家庭倫理學（台北：文史哲出版社，一九九三年九月，初版），頁一一二。

②同註①，頁一一八。

③同註①，頁一一八。

④夏嘉玲，「婚外情狂濤，婚姻大殺手」，中時晚報，一九九八年九月二十六日，十二版。

⑤同註④。
⑥同註①，頁一一六。
⑦黃俊傑，「婚姻失調的預防與處理」，現代化研究，第五卷，一九九六年元月，頁三十。
⑧同註⑦。
⑨同註①，頁一二〇。
⑩同註①，頁一二一。
⑪同註①，頁一二一。
⑫張怡筠，「他搞外遇，你搞亂步調」，聯合報，一九九七年二月十六日，四十五版。
⑬凡婦，「我還擁有兒女」，聯合報，一九九八年三月二十四日，四十版。
⑭汪詠黛，「她家像一塊大磁鐵」，中國時報，一九九八年八月九日，三十三版。

⑮ Angela Philips著，蘇善譯，新女性邁向優質生活，（台北：培根文化公司，一九九八年一月，初版），頁一二三。

「第三者的愛情悲劇」註釋

① 真相，「別讓愛情沖昏頭」，聯合報，一九九八年五月三十日，三十三版。

② 廖慧娟，「未婚媽媽，自閉八年」，中時晚報，一九九八年九月十日，三版。

③ 葛佩育，「林伯實聲明」，聯合報，一九九八年九月十一日，五版。

④ 施寄青，「第三者的公敵？」，中時晚報，一九九八年六月二十一日，十三版。

⑤ 梁玉芳，「偷情城市」，聯合報，一九九八年六月十五日，六版。

⑥ 同註⑤。

⑦ 同註⑤。

⑧ 陳勝英，「跨越前世今生」，（台北：張老師文化公司，一九九八年

三月，初版三刷），頁二〇五—二〇八。

「偷情的人幸福嗎？」註釋

①梁玉芳，「偷情城市」，聯合報，一九九八年六月十五日，六版。

②區有錦，「台港商包二奶」，中時晚報，一九九八年九月八日，三版。

③胡孝誠，「棄婦訴請離婚，每月十餘件」，中時晚報，一九九八年，九月八日，三版。

④梁玉芳，「齊人非福」，聯合報，一九九八年二月十六日，十九版。

⑤黃文博，「少婦玩弄牛郎，花掉三千萬」，中時晚報，一九九八年五月十二日，五版。

⑥同註④。

⑦冉亮，「風流債，小柯賠盡聲名」，中時晚報，一九九八年九月十二日，二版。

開啟美德世界的寶藏

參考書目

參考書目

參考書目

一、書籍部份

四書。
聖經。
金剛經。
六祖壇經。
道德經。
山中典士，做個永不褪色的女人，台北，輝鑫出版社，一九九七年十月。
立木惠章，我一定能成功，台北，大展出版社，一九九六年九月。
吉娜・舍明那拉著，陳家猷譯，靈魂轉生的奧秘，台北，世茂出版公司，一九八八年。

伊安・庫利著，王存立譯，附身與轉世，台北，野鵝出版社，一九八七年八月，四版。

布萊恩・魏斯(Brian L. Weiss)著，譚智華譯，前世今生，台北，張老師出版社，一九九三年十月，六七刷。

托爾斯泰著，梁祥美譯，托爾斯泰三六六日金言，台北，志文出版社，一九八九年七月。

余正昭，不可抗拒的成功魅力，台北，遠流出版公司，一九九六年十一月。

汪精靈編譯，職業生涯成功法則，台北，清華管理科學圖書中心，一九九七年八月，再版。

金克拉(Zig Ziglar)著，張艾茜譯，與你在巔峰相會，台北，世茂出版社，一九九七年。

金克拉(Zig Ziglar)著，陳秀娟譯，全面成功，台北，天下文化出版社，一九九五年。

吳經熊，禪學的黃金時代，台北，商務印書館，一九九〇年八月，十六版。
杜衡，成功ＥＱ一百課，台北，文經出版社，一九九七年十月。
李嗣涔，氣功的科學觀，台大電機系，一九九四年四月。
哈格•曼丁著，劉蘋華譯，台北，黎明書報社，一九七六年四月。
莎士比亞，金言集，台南，利大出版社，一九七七年五月。
林靜靜，讓ＭＱ high 起來，台北，白曉燕文教基金會，一九九八年四月。
笠卷勝利著，高淑華譯，操之在我：突破困境樂在工作，台北，書泉文化公司，一九九三年。
袁了凡、蔣維喬，靜坐法輯要，台北，文津出版社，一九八五年三月。
彭懷真，上班族ＥＱ與ＩＱ，台北，希代書版公司，一九九七年一月。
陳勝英，「跨越前世今生」，台北，張老師文化公司，一九九八年三月，初版。

殷登國，古典奇譚，台北，世界文物出版社，一九八五年七月，初版。

拿破崙・希爾著，張書帆譯，拿破崙・希爾的成功之鑰。

劉信德，邁向成功之路，台北，尙文出版社，一九九六年五月，初版。

轉引自劉昭仁，應用家庭倫理學，台北，文史哲出版社，一九九三年九月。

葉薇心，我們的故事，台北，財團法人台北市基督教救世傳播協會，一九九八年六月。

歐青鷹，潛能：成功之謎，台北，絲路文化公司，一九九七年。

Betty J. Eadie著，林曉梅譯，我有死亡經驗，台北，希代有限公司，一九九四年八月。

Dale Carnegie 著，林軫甫譯，影響力的本質，台北，南京出版公司，一九七七年三月，十二版。

Progressive reading volume II, National Deffense Language Center fu Hsing Kang College.

Robert Conklin著，秦明利譯，做個快樂的夢想家，台北，業強出版社，一九九六年。

二、報紙、雜誌部份

王本華，「戒檳榔，迎健康」，聯合報，一九九八年八月十二日。

王麗娟，「婚姻青紅燈，男人握開關」，聯合報，一九九七年三月十六日。

王雅各，「氣憤！又見到清一色的男人」，聯合報，一九九八年六月十四日。

王明湖，「免費瘦身真好」，聯合報，一九九八年五月十日。

日日談，「菸害加重到年輕人」，國語日報，一九九八年八月六日。

石文南，「台北都會」，中時晚報，一九九八年四月二十二日。

尹筱晴，「問壽命長短，看生活方式」，聯合報，一九九七年十一月六日。

呂理甡，「長壽仙丹其實是生活方式」，聯合報，一九九七年八月五日。

艾美，「外表的幸福」，聯合報，一九九八年五月二十日。

史玉琪，「爸爸戒菸了！」，自由時報，一九九八年七月十九日。

杏林子，「無腳天使勇敢飛」，聯合報，一九九八年五月三十一日。

巫敏生，「靈修打坐有妙用」，聯合報，一九九七年十一月二十九日。

余倩如，「美德永不沈沒」，聯合報，一九九八年五月二日。

任維真，「大學生搶修兩性關係」，中國時報，一九九六年十月七日。

阿歪，「性福，有法寶」，聯合報，一九九八年八月二十二日。

阿奇，「你喜歡我的不安全嗎？」，聯合報，一九九七年四月六日。

江昭青，「爲愛走偏鋒，大學生連呼病態」，中國時報，一九九八年三月十三日。

江元慶，「愛人要分手，他變恐怖分子」，聯合晚報，九五年十月十一日。

朱武智，「男性死亡，二○%歸因吸菸」，中時晚報，一九九八年五月二十八日。

朱武智，「林煜智，人小志大」，中時晚報，一九九八年五月二十四日。

包喬晉，「許曉丹聲淚俱下要離婚」，聯合報，一九九八年六月四日。

社論，「人生路要慢慢走」，聯合晚報，一九九八年三月十二日。

李玉嬋，「從社區心理學觀點規劃『預防婚姻失調的社區介入務方案』」，諮商與輔導，第一三四期，一九九七年二月。

李宛蓉，「學者擔心，檳榔將會亡國」，中時晚報，一九九八年四月八日。

李家同，「悲劇的原因，是道德問題」，聯合報，一九九八年三月十五日。

李銘珠，「內向的數學天才炸彈害人」，聯合報，一九九八年五月六日。

李慧真，「誰真關心清華學生？」，聯合報，一九九八年三月十七日。

花，「法律綁架了我的青春」，民生報，一九九八年五月二十四日。

沈怡，「一個人，就是一個宇宙」，中國時報，一九九八年五月十六日。

沈怡，「二度婚姻的男人更成熟」，民生報，一九九八年七月十九日。

沈政男，「心理成長指標，影響人格發展」，中國時報，一九九八年三月十四日。

吳燈山，「追求內在美」，國語日報，一九九八年六月五日。

吳燈山，「面對失敗」，國語日報，一九九八年四月二十一日。

吳玲瑤，「夫妻恩愛守則」，國語日報，一九九八年四月二十二日。

吳靜美，「肺癌首位，自殺入榜」，聯合報，一九九八年五月十五日。

吳若權，「不塑身就分手」，聯合報，一九九六年十月廿日。

何志培，「生命為何不珍惜」，聯合報，一九九八年九月二十六日。

何金針，「談國民中學如何實施性教育」，台灣教育月刊，四五九期，一九八九年三月。

何權峰醫師，「用意念治病」，聯合報，一九九八年五月三十日。

何權峰醫師，「期待好事就會應驗哦！」，聯合報，一九九八年九月二十六日。

冉亮，「葛萊姆八十歲獲普立茲獎」，中時晚報，一九九八年四月十六日。

冉亮，「風流債，小柯賠盡聲名」，中時晚報，一九九八年九月十二日。

南有洲，「女子無趣便是好太太」，聯合報，一九九七年四月六日。

南有洲，「睡美人千萬不要太早醒來」，聯合報，一九九八年四月一日。

袁英，「我的分手經驗」，聯合晚報，一九九八年三月二十二日。

許正雄，「朱仲祥，一則生命奇蹟」，聯合報，一九九八年十一月十三日。

許金川，「留得好肝在，不怕沒酒喝」，聯合報，中國時報，一九九八年六月五日。
許中光、王安娜，「七個方法，讓過去的過去」，聯合報，一九九八年四月一日。
胡孝誠，「棄婦訴請離婚，每月十餘件」，中時晚報，一九九八年九月八日。
林月鳳，「心中有別人」，聯合報，一九九八年五月二十日。
林妏純，「談戀愛，要帶點灑勁」，中時晚報，一九九八年七月十五日。
林玲，「性與健康」，聯合報，一九九八年七月十八日。
林國香，「不做不情願的新娘」，聯合報，一九九八年五月三日。
林國香，「為婚姻加點活力」，聯合報，一九九八年七月二日。
林國香，「婚前多了解對方家庭」，一九九六月二十一日。
林河名，「夫妻住所男方決定違憲」，聯合報，一九九八年四月十二日。

林新輝、沈長祿，「大學生同居面面觀」，聯合報，一九九六年三月十一日。

林浚南，「打坐，王永慶健身新秘笈」，聯合報，一九九八年一月十五日。

林蕙芳，「爲何無動於衷」，聯合報，一九九八年五月二日。

區有錦，「台港商包二奶」，中時晚報，九八年九月八日。

風情，「天堂從根造起」，聯合報，一九九八年四月十五日。

梁玉芳，「女教授蒙面控訴性別歧視」，聯合報，一九九八年五月二日。

梁玉芳，「偷情城市」，聯合報，一九九八年六月十五日。

梁玉芳，「齊人非福」，聯合報，一九九八年二月十六日。

梁玉芳，「照顧重病家人，他們無怨無悔」，聯合報，一九九八年九月廿七日。

梁榮仁，「婚姻初期的調適」，諮商與輔導，第一三四期，一九九七年二月。

莫渝，「生命的意義與價值」，國語日報，一九九八年八月十三日。

施寄青，「第三者的公敵？」，中時晚報，一九九八年六月二十一日。

徐弘治，「少女暗結珠胎，如何善了？」，中國時報，一九九八年六月五日。

徐美惠，「女性，別敗在法律與愛情」，聯合報，一九九八年三月三十日。

莊淑芬，「放棄學習成長的人註定失敗」，中國時報，一九九八年五月二十日。

莊鎧鴻，「恣意耗青春，抽菸是元凶」，聯合報，一九九八年五月十六日。

洪淑惠，「家庭戰爭正侵蝕孩子對父母的敬愛」，聯合晚報，一九九四年六月十一日。

郭乃日，「飛官，練氣功」，聯合晚報，一九九四年四月二十二日。
郭姿均，「省家計所已婚婦女調查」，聯合報，一九九七年五月十七日。
郭姿均，「五大富貴病侵害國人」，聯合報，一九九八年四月三十日。
勃如，「獨立的人，才能追求真愛」，聯合報，一九九八年六月五日。
高添財，「歸零，重新開始」，聯合報，一九九八年三月二十日。
高添財，「叔叔，請帶我出去放屁」，聯合報，一九九五年一月二十一日。
孫蓉華，「性教育忽略了道德及價值觀」，聯合報，一九九八年五月二十九日。
晏涵文，「婚前生理與心理調適」，訓育研究，第廿四卷，第二期，一九八五年六月。
黃文博，「少婦玩弄牛郎，花掉三千萬」，中時晚報，一九九八年五月十二日。

黃蕙芬，「不婚媽媽注意，他有權要孩子」，中時晚報，一九九八年四月二十二日。

黃亞蓮，「冤家法庭」，聯合報，一九九八年十月三日。

黃有志，「談情說愛看緋聞」，聯合報，一九九八年二月四日。

黃有志，「從威而鋼談夫妻性愛之道」，民生報，一九九八年六月六日。

黃瑞汝，「愛就是鄭重宣布另一半很重要」，聯合報，一九九八年六月十四日。

真相，「別讓愛情沖昏頭」，聯合報，一九九八年五月三十日。

蓓姬，「謝謝你曾經愛過我」，民生報，一九九八年六月七日。

路透社，「適度運動可減低中年人死亡率」，聯合報，一九九八年五月三十日。

張作錦，「有〈美德書〉不一定會有美德」，聯合報，一九九八年七月五日。

張怡筠，「跟愛情騙子討什麼公道？」，聯合報，一九九八年四月五日。
張怡筠，「同居成功也會婚姻失敗」，聯合報，一九九七年十一月十六日。
張孟起，「十二—二十歲少女被強暴率最高」，聯合晚報，一九九七年五月二十一日。
張老師月刊社，「一般生命，兩樣人生」，張老師月刊，十六卷六期，一九八五年十一月。
張尚文，「嚼檳榔再流行十年」，聯合報，一九九八年四月九日。
張惟盛，「跑步救了我一命」，聯合報，一九九八年五月三十一日。
張錦弘，「吵架後失火，學生情侶燒死」，聯合報，一九九八年五月十八日。
張慧中，「給孩子正確的婚姻示範」，民生報，一九九八年五月二十四日。

傅佩榮，「奉行三自主義，快樂向前走」，聯合報，一九九八年四月十九日。

漆雕以洮，「因失去而自由」，聯合報，一九九八年五月五日。

梅清，「進名校要有好心腸」，聯合報，一九九八年三月二十日。

鍾沛東，「小倆口合不來，判准無責離婚」，聯合報，一九九八年八月三十一日。

楊慧娟編，「電話訪查美國青少年，近半數反對婚前性行爲」，民生報，一九九八年六月二日。

楊羽雯，「哀哉！台灣婦女人權最不獲重視」，聯合報，一九九六年十二月九日。

國語日報，「土地公、土地婆」，一九九八年十月十三日。

聖嚴法師，「負責任的性」，聯合報，一九九八年六月廿四日。

唐如怡，「脂肪肝，中年三大危機」，大成報，一九九八年五月十七日。

葉幸眉，「一紙結婚證書」，中國時報，一九九八年四月二十一日。

葉玲君，「『永遠的義工』文化中心開講心路歷程」，聯合報，一九九八年六月廿八日。

曹怡，「口足人生用心解決」，聯合報，一九九七年十月十九日。

陳于嫣，「易走極端者，有脈胳可尋」，聯合報，一九九七年五月十七日。

陳文和，「信念可以治病」，中國時報，一九九八年十月二十三日。

陳川邦，「愛就是和她一起圓夢」，聯合報，一九九八年五月二十二日。

陳玲真，「尋找真愛一世情」，聯合報，一九九八年四月一日。

陳相，「誠實有好報」，聯合報，一九九八年五月十一日。

陳皎眉，「以心理學的角度探討夫妻關係之調適」，社會研究，二十三期，一九八四年元月。

陳邁子，「夫婦之道」，中國世紀，一四四期，一九六九年十月十五日。
陳昭雯，「酒、色要分家」，中國時報，一九九八年四月十六日。
陳重生，「婦女國是會議，化悲痛爲行動」，中時晚報，一九九八年三月七日。
陳飛，「再欺負她一次」，中國時報，一九九八年六月二十九日。
趙雅博，「從自我看個人倫理的範圍」，大陸雜誌，第八十五卷第一期，一九九二年七月十五日。
趙愛卿，「找到四心」，中國時報，一九九八年九月十二日。
葛佩育，「林伯實聲明」，聯合報，一九九八年九月十一日。
潘蓓蓓，「談女教師的婚姻」，教師天地，第五十八期，一九九二年六月。
鄔昆如，「從哲學觀點看自殺問題」，哲學與文化，第十一卷一期，一九八四年元月。
韓國棟，「朱仲祥，趴出美麗人生」，中時晚報，一九九八年十一月六日。
韓國棟，「開發超能力，台大開班授課」，中時晚報，一九九八年九月二十五日。
韓國棟，「挑戰生命」，中時晚報，一九九八年七月十四日。
諶悠文，「小孩生孩子，悲劇一籮筐」，中時晚報，一九九八年五月卅一日。
廖輝英，「讓她痛一點」，國語日報，一九九八年五月十五日。
廖淑惠，「浴火鴛鴦邱建源，麥秋蘭攜手走一生」，聯合報，一九九八年一月十二日。
廖慧娟，「未婚媽媽，自閉八年」，中時晚報，一九九八年九月十日。
鄭玉枝，「成功絕非僥倖」，中國時報，一九九八年七月六日。
鄭哲政，「一夜情人」，聯合報，一九九八年六月三日。
鄭名琇，「早婚的祝福」，聯合報，一九九八年七月一日。
鄭麗園，「離婚愈來愈多」，聯合報，一九九八年十月十四日。

聯合報系民意調查中心，「身體，健康嗎？」，聯合報，一九九八年五月四日。

顏夫仁，「跟情人分手，總覺得等不到天黑」，民生報，一九九八年五月卅一日。

簡獻宗，「一〇二歲孫渤海，天天都精采」，聯合報，一九九八年六月十九。

簡獻宗，「陳麗鳳還在盼丈夫回頭」，聯合報，一九九八年四月十二日。

鮑曉輝，「失戀者的明天」，聯合報，一九九八年五月七日。

蔡佳璋，「早嘗禁果，後患多多」，聯合報，一九九八年三月九日。

蔡政欣，「碩士求愛被拒，飲水放汞報復」，聯合報，一九九七年五月十七日。

蔡鋒博，「癮君子，當心掃性」，中時晚報，一九九八年五月二十六日。

賴瑷愛，「婚前協議保障有限」，聯合報，一九九八年八月五日。
劉子鳳，「星情，走出死胡同」，聯合晚報，一九九六年十月卅一日。
劉俠，「病房裡的遺憾」，聯合報，一九九八年九月十三日。
劉逸沙，「相惜」，聯合報，一九九八年四月二十三日。
引自謝武彰，「小差中進士」，國語日報，一九九八年十月六日。
蘇嫻雅，「教女人保護男人」，中時晚報，一九九八年四月二十一日。
蘇主惠，「新起點健康生活計劃改變您的人生」，聯合報，一九九八年五月八日。
羅曉荷，「婦產科醫師問卷調查」，聯合報，一九九七年十二月二十九日。
饒仁琪，「絕地男女愛情大反攻」，聯合報，一九九八年四月一日。
饒仁琪，「像他們這樣的好男人」，聯合報，一九九五年十月十五日。

開啟美德世界的寶藏

國家圖書館出版品預行編目資料

開啓美德世界的寶藏

／盧國慶著. -- 初版. -- 臺北市：揚智文化，1999 [民88]

面； 公分 -（現代生活系列:10）

ISBN 957-8637-90-*（平裝）

1.修身

192.1 88000745

開 啓 美 德 世 界 的 寶 藏

作　　者／盧國慶
出 版 者／揚智文化事業股份有限公司
發 行 人／林智堅
地　　址／台北市新生南路三段88號5樓之6
電　　話／(02)366-0309 366-0313
傳　　眞／(02)366-0310
登 記 證／局版臺業字第4799號
法律顧問／北辰著作權事務所　蕭雄淋律師
初版一刷／1999年1月
ISBN／957-8637-90
定　　價／280元